古典文獻研究輯刊

二九編

潘美月・杜潔祥 主編

第28冊

國故新語（第三冊）

司馬朝軍 著

國家圖書館出版品預行編目資料

國故新語（第三冊）／司馬朝軍 著 — 初版 — 新北市：花木蘭文化事業有限公司，2019〔民108〕

目 6+172 面；19×26 公分

（古典文獻研究輯刊 二九編；第 28 冊）

ISBN 978-986-485-967-2（精裝）

1. 漢學 2. 研究考訂

011.08　　108012009

古典文獻研究輯刊

二九編　第二八冊　　ISBN：978-986-485-967-2

國故新語（第三冊）

作　　者　司馬朝軍

主　　編　潘美月　杜潔祥

總 編 輯　杜潔祥

副總編輯　楊嘉樂

編　　輯　許郁翎、王筑、張雅淋　美術編輯　陳逸婷

出　　版　花木蘭文化事業有限公司

發 行 人　高小娟

聯絡地址　235 新北市中和區中安街七二號十三樓

電話：02-2923-1455／傳眞：02-2923-1452

網　　址　http://www.huamulan.tw 信箱 hml 810518@gmail.com

印　　刷　普羅文化出版廣告事業

初　　版　2019 年 9 月

全書字數　546423 字

定　　價　二九編 29 冊（精裝）　新台幣 58,000 元

國故新語（第三冊）

司馬朝軍 著

目次

第一冊

第二冊

【辨僞學之什】

【國學之什】

【黃學之什】

第三冊

輯三　雜俎

《〈四庫全書總目〉編纂考》獲獎感言

拙著《〈四庫全書總目〉編纂考》一書有幸獲得「余志明《四庫全書》電子版」著作類一等獎，這既是對我十餘年來從事四庫學研究的最好肯定，也是對我的莫大鞭策。

首先，我要特別感謝香港迪志公司與上海人民出版社聯合開發的文淵閣本《四庫全書》電子版。該電子版功能強大，檢索方便，堪稱讀書之法寶，治學之利器。沒有它，拙著不可能在如此短的時間內問世。如果說沒有毛晉提供的眾多汲古閣本，也就沒有清初樸學的勃興。沒有《四庫全書》的問世，也就沒有乾嘉學術的全面復興。現在，我們仍然可以這樣說，沒有《四庫全書》電子版的問世，我們無法跳出前代學術大師的掌心。《四庫全書》電子版是多少研究者夢寐以求的東西。民國年間，黃侃、陳寅恪那代人當年聽說要影印出版紙本《四庫全書》，興奮不已，奔走相告。顧頡剛早年曾忽發狂想，恨不得一口吸盡《四庫全書》的有用信息。季羨林先生晚年憑藉通讀紙本《四庫全書》，才完成了《糖史》的寫作。今天，正是因爲擁有了《四庫全書》電子版，我們的猜想與假設隨時可以得到驗證，所需要的材料可以一索即得。古人青燈黃卷，終生孜孜不倦，所得仍然有限。而我們可以在瞬間修正前人的錯誤，壯大他們的事業。有道是：「以管窺天。」過去所用之「管」乃竹管，故所窺之天既小且淺。今日所用之「管」乃電子管——射電望遠鏡，故所窺之天既深且遠。工欲善其事，必先利其器。《四庫全書》電子版好比射電望遠鏡。憑藉如此利器，我們才有可能透視中國文化的重重迷霧，揭開其神秘面紗，眞正做到究天人之際，通古今之變，「較乾嘉諸老更上層樓」。這是我們這一代學人的莫大幸運，可謂時代之恩賜。我們堅信，《四庫全書》電子版必將造福於中華文化復興的宏偉大業。

藉此機會，我還要感謝幾位良師益友。感謝業師曹之教授，正是在他的啓迪下我才捕獲到這一研究課題。感謝清代學術史專家王俊義先生，他對一位素不相識的青年學子給予了極大的關懷。感謝武漢大學出版社社長陳慶輝教授對本人研究工作的熱情肯定和大力支持。感謝責任編輯陶佳珞編審，她爲拙著的出版付出了無數的心血和汗水。感謝山東大學文史哲研究院王承略教授、武漢大學哲學學院吳根友教授，他們爲我的兩本專著作出了中肯的評介。感謝所有爲我提供過善意的建議甚或提出批評意見的人們！

其次，我要發表《戊子四庫文化宣言》的要點。第一，重組《四庫全書》館。該館以《四庫全書》研究專家爲主體，老一輩的如李裕民先生、崔富章先生等，年輕一代的如北京大學漆永祥教授、山東大學王承略教授等。此外，在四庫專書研究方面做出貢獻的專家也可參加進來。成立臨時工作機構，爲整理與研究《四庫全書》提供保障。第二，重訂《四庫全書》。《四庫全書》雖然在整理文獻方面做出了重大貢獻，同時也存在大量刪改原文的現象。學術界對《四庫全書》的版本價值心存狐疑，即認爲《四庫全書》多有違改，而且是成於眾手，校勘不精，文字多有訛誤，不足以作爲版本依據。我們計劃分幾步走，先修復其核心部分，如永樂大典本是四庫本中最有價值的部分，首先將這部分校勘好，編纂《永樂大典本叢刊》，然後再擴大戰果，分門別類，逐步將《四庫全書》重新整理一遍，使其成爲名副其實的文化長城，重新贏得學界的青睞。第三，籌建全國四庫學研究會。近年來，武漢大學成立了四庫學研究所，首都師範大學成立了《四庫全書》學術研究中心，甘肅省也成立了《四庫全書》研究會。爲了整合研究力量，我們已經著手聯合同志，籌建「中國四庫學研究會」，準備搭建一個全國性的學術研究平臺。第四，培養新一代四庫學研究專家。現在，武漢大學、南京大學、北京大學、山東大學、復旦大學等校都紛紛開設了有關四庫學研究的課程，也受到了廣大學生的歡迎。越來越多的研究生開始將四庫學研究作爲自己的志業，業已完成了不少碩士或博士學位論文，出版了一批高水平的學術專著。新一代四庫學研究者任重道遠，因爲他們肩負著繼往開來的光榮使命。

嗟夫！從四部之學到七科之學，通人之學一變而爲專家之學。五四以降，專家日眾，通人日少，流弊亦日顯。在一個大師匱乏的時代，我們感到寂寞，也日益認識到通人之學的可貴。我們相信，四庫學作爲一個具有強大生命力的綜合性、邊緣性的學科，它將日益受到學界關注。四部之學的復興，應該成爲中國文化復興的標誌。只有復興中國文化，才有可能再造大師。四庫學的研究還有著巨大的發展空間，仍然是一個值得矚目與期待的領域，在此領域內完全有可能湧現一批像余嘉錫、陳垣那樣的大師級人物。振興四部之學，這是時代的呼喚，也是歷史的使命。

2008 年 4 月於北京大學

在「民前章太炎的學術視野及其思想」學術工作坊會上的講話

一

聽了各位先生的發言，我也很受啓發，特別是彭春凌博士的報告給我的觸動很大。你剛才提到章太炎的神經病問題，讓我聯想到心理史學的角度。我以前寫《黃侃評傳》時翻閱了不少這方面的書，國外運用心理史學分析的很多，有寫希特勒的（《希特勒的世界：一部心理傳記》《希特勒的心態：戰時秘密報告》），有寫甘地的（《甘地的眞理》），有寫斯大林的（《作爲革命者的斯大林：一項歷史與人格的研究》），等等，但國內還沒有人從這個角度寫過。其實，章太炎、黃侃，包括五四一代的很多人，都可以從心理史學的角度去分析。如果沿著這個路子寫，我們的心理傳記將會有較大的提升。

二

首先感謝《杭州師範大學學報》雜誌社朱曉江教授的盛情邀請，給我一次難得的學習機會。我先簡單介紹一下自己。我在 80 年代中期接觸章太炎、黃侃這一派的學問，至今已有三十來年。我最初主要做黃侃研究，也關注章太炎研究。黃侃是章太炎的大弟子。他們師徒共同開創了章黃學派。近年來我一直在從事《黃侃文集》的編訂、《黃侃評傳》的撰寫等工作。

下面，我接著彭春凌博士的問題談談我的看法。關於章太炎思想的分期問題以前是有爭議的。李澤厚先生給他分爲四期，湯志鈞先生給他分爲五期。

我通過整理文獻發現，實際上應該分爲六期。即以思想演變爲主線，同時參照其他方面，以傳記的模式分爲六期。具體而言，民國的建立是一個界碑，在此之前可分爲三期；民國之後也可分爲三期。有關章黃學派的文獻整理工作我們現在正在做，我們想先整理章太炎詩文、書信部分，把《章太炎全集》重新搞一個增訂本。因爲近三十年來，我見到過而《章太炎全集》未收錄的章太炎文獻在數量上還不少，所以考慮重新增訂。我們接下來想把章太炎同他弟子們的思想整成一個整體，盡我們的努力使章黃學派在文獻基礎上能立起來，「成一家之言」。

時間關係我不多講了，只再講一點。我現在在上海社科院歷史所，我負責籌建了一個江南學論壇，論壇主題會有變化，但從顧炎武到章太炎是我們的一個主線，歡迎大家來參加這個論壇。謝謝大家！

（2018 年 4 月 21 日）

在上海師範大學組織的林少陽教授讀書會上的講話

首先，衷心感謝主持人羅崗教授提供了這次極爲難得的學習機會（即在上海師範大學光啓研究中心主辦的「章太炎主義的可能與張力」工作坊）。林少陽教授這本書我還沒有完全看完，僅僅選擇性地看了一部分，很受啓發。應該說，這是一部令人開竅的好書。他提出的「復古的新文化運動」是一個極具啓發性的新概念，對於章黃學派的研究將起到很好的推動作用。我比較早就開始研究太炎的大弟子黃侃，花了近二十年的工夫做《黃侃年譜》，最近又趕寫了一本《黃侃評傳》，目前正在編纂《黃侃文集》《黃侃全集》。《章太炎全集》近年已經由上海人民出版社全部出版了，提供了一個比較完整的文集，但其中問題也很多，還有相當多的佚文，以後我們也要考慮重新編纂《章太炎全集》與《章太炎年譜長編》。此外，我還編輯過一本《章黃學派學術檔案》，即將由武漢大學出版社出版。以後還想找機會做《章黃學派文庫》。

今天我只講幾個相關的小問題。章太炎的「文」是有明確的自我界定的。根據他的自我界定，我們發現，章太炎所說的文學實際上是指文獻。我前些年在寫《文獻學概論》的時候發現，章太炎把文學的範圍推到最大，包涵至廣，經史子集，三教九流，無所不有，基本上等同於文獻。他的國學講座被人整理成《國學概論》，他的國學實際上就是文獻學。我們現在的文獻學有各種派別，其中一派就是國學派，此派正是以章太炎爲代表。

林少陽教授在書中還提到章門的問題，可能有幾個線索。一個是章太炎自己界定的，他開過一個單子，開了一個 19 人的名單。太炎先生在東京、北京、蘇州等地都講過學。還有幾個相關的刊物，如《民報》《國粹學報》《華國月到》《制言》等。這些線索一串來基本上可以界定章門的大致範圍。

還有章太炎和黃侃的關係問題。一般人都認爲他們是師生關係，這是大致不差的。但黃侃在見到章太炎之前他的學問基本上已經成型了。我們發現，章黃之間互相啓發，甚至可以說，主要還不是章太炎影響了黃侃，而是黃侃影響了章太炎。現在我們找到另外一位同時代的學者陳漢章提供的材料，黃侃曾經對他說，《文始》就是他執筆的。由此可見，章黃的關係恐怕沒有那麼簡單。

黃侃與錢玄同先是同門關係，後是師生關係。錢玄同曾經拜黃侃爲師。按照當時的規矩，他若不給黃侃下跪，不拜黃侃爲師的話，黃侃絕對不會把講義傳授給他。令人遺憾的是，錢玄同對黃侃學說進行改造之後搶先發表，就是他那本在北大出的《文字學音篇》。這是學術史上的公案。爲什麼黃侃後來不寫東西呢？最初的文字學核心理念貢獻給了章太炎，成就了《文始》；然後音韻學體系又被錢玄同搶殼上市，後來劉伯平又搶了一次，所以黃侃後來很惱火，他就是這樣被幹掉了。如果從學派的角度看，黃侃無疑是章黃學派的核心人物，難怪太炎先生晚年要將他封爲「天王」。

（2018 年 6 月 10 日）

日本金澤大學名譽教授李慶先生來所演講

2017 年 9 月 15 日下午，日本金澤大學名譽教授李慶先生應曆史所之邀，進行「上海社會科學院歷史所高端講座」演講，題目是「王陽明文獻整理及有關問題」。講座由司馬朝軍研究員主持。

李慶先生是國際馳名的日本漢學史專家，近三十年來，其研究專著如《顧千里年譜》、《中國文化中人的觀念》、《氣的研究》（譯作）等在海內外頗具影響，尤其是五卷本《日本漢學史》奠定了他在海外學術界的地位。

李慶先生早年畢業於復旦大學中文系，師從徐鵬教授，長期在復旦大學古籍所任職，與章培恒先生誼兼師友，是復旦學術傳統的繼承者與光大者。1988 年移硯海外，以 20 年時間集中研究日本漢學史。大功告成之日，當即宣佈「重回華夏陽明天」，又重新回到他早年曾經耕耘過的陽明學領域，近年也取得了可喜的成果。李慶先生首先介紹了明代正德以來陽明學文獻整理的情況，分爲正德至明末、清初至 20 世紀 80 年代、改革開放以來三個階段，全面介紹了王陽明文集的版本、校勘等方面的情況，並分析了前人研究的得失成敗。他對王陽明的資料進行了更爲嚴謹的考證，指出王陽明文集中的一些僞作，如《泛海》一詩向來被認爲是王陽明的代表作，李先生認爲王陽明根本沒有蹈海之事，此係神化自己，或被學生神化，故而造此僞作。他還發現，所謂王陽明正德三年被追殺之事也大爲可疑。最後，他通過這些問題的實證研究，進到思想研究層面，從更爲廣闊的思路來考慮，並進一步探究華夏文明落後的原因。

李慶先生的報告內容篤實，見解深刻，引起了與會者的濃厚興趣。本所同仁就王陽明的生平與學術等問題展開討論。李慶先生非常支持我所的工作，欣然擔任《傳統中國研究集刊》學術顧問。

治學精神啓示錄
——蔡美彪《學林舊事》讀後

蔡美彪先生的《學林舊事》已於 2012 年 4 月由中華書局出版，我前段時間購得後順手放進了書堆，因爲當時忙於其他瑣事，一直沒有來得及細讀。近日清理書籍，取出來細讀一過，頗有震撼之感。全書 20 萬字，分「緬懷故老」、「往事尋蹤」、「讀書治史」三卷，書後附錄答記者問三篇。該書前言稱：「這本小書彙集了我歷年所寫的一些紀念文字和評介文字，多是被動應邀而作，不是有計劃地編寫。……陳年舊事涵蓋了我七十年來的經歷與見聞，涉及二三十位學術界前輩和一些集體工作。關心學林舊事的朋友，餘暇瀏覽，或許可資談助。對我來說，並不是掌故彙編，而是學習歷程的記錄。」對於作者而言，這確實是一份珍貴的「學習歷程的記錄」；對於讀者而言，這是一本極爲難得的好書，它以大量的篇幅詳細紹介了眾多前輩學者的治學態度、方法與精神，可以毫不誇張地說，這是一本治學精神的啓示錄。具體來說，應該大力弘揚以下四種精神。

一、范文瀾的二冷精神

蔡美彪曾是范文瀾先生的學術助手，本書談得最多的也是關於范老的。提到范文瀾，人們可能馬上會聯想起那幅著名的對聯：「板凳要坐十年冷，文章不寫一句空。」其實，這並非出自范老本人，而是史學界的一位先生依據范老所講的意思撰爲此聯，旨在自勉。（辨見本書第 212 頁）但范老的「二冷」說法影響深遠，廣爲流傳，本書對此多有闡發。如《范文瀾治學錄》一文稱：

> 范文瀾治學態度的另一特點是「冷」。1957 年他在一次講演中說：「我經常勉勵研究所的同志們下『二冷』的決心，一冷是坐冷板凳，二冷是吃冷豬肉（從前封建社會某人道德高尚，死後可入孔廟，坐於兩廡之下，分些冷豬肉吃），意思就是勸同志們要苦苦幹，慢慢來。」（《歷史研究中的幾個問題》，載《北京大學學報》1957 年第 2 期）范文瀾在研究所內外多次提倡「二冷」之說，在學術界也流傳甚廣。所謂坐冷板凳，包含兩層意思，一是甘於寂寞，不慕虛榮，二是埋頭苦幹，不急於求功。范文瀾所提倡的這種治學精神，對年輕一代有過很大的影響，而他自己則是身體力行，做出表率。他在延安時期，在窯洞中油燈下日夜寫作，以致一目失明。建國以後，一再懇辭領導上原擬委任他的行政領導職務，專心著述，淡泊自甘。每天上、下午都去研究室伏案工作，直到日暮方才離去，十餘年如一日。（第 38～39 頁）

《回憶范老論學四則》之四「方與圓」時也附帶談到了「坐冷板凳」：

> 他還另有一個形象的說法，叫做「坐冷板凳」。此說曾被人指爲提倡「三脫離」，這完全是誤解。范老從來主張應當參加必要的政治、社會活動，在實踐中經受鍛鍊，也從來主張：理論聯繫實際，反對空談。他的「坐冷板凳」說，無非是要人們盡力排除外務的煩擾，專心致志地刻苦工作。因爲事實很明顯，在科研工作中，如果不集中精力，付出辛勤的勞動，要想做出成果，是不可能的。恩格斯在評論費爾巴哈的哲學成就時，曾深爲他過著鄉村隱居生活而限制了眼界感到惋惜。但是，恩格斯也認爲：「即使只是在一個單獨的歷史實例上發展唯物主義的觀點，也是一項要求多年冷靜鑽研的科學工作。」科學工作需要「冷靜鑽研」，而且需要「多年」，這確是不可移易的眞理。（第 200 頁）

書中又有《實與冷》一文，對於「二冷」闡發尤爲詳盡，文繁不錄（見第 210～212 頁）。來新夏先生對范老的「二冷精神」也曾有專文論述，與此大致相近。

反觀當代學人，一個共同特點是「畏冷」。對「冷板凳」已經沒有多少興趣，對「冷豬肉」更是早已不知爲何物了。自「阿曲」罷祀孔子後，早已無「冷豬肉」可吃了。大家都忙於趕熱鬧，撈熱錢，哪裏還知道什麼「二冷」！

二、呂振羽的攻堅精神

呂振羽在 1946 年撰寫《中國民族簡史》，翌年推出初版，1950 年出版增訂本。《重讀呂振羽〈中國民族簡史〉》一文稱：

> 本書（指《中國民族簡史》——引者注）是運用馬克思主義觀點對中國各民族的歷史發展進行綜合考察的最早的著作，這部著作的完成，表現了作者的開創精神和科學上的勇氣。民族史與國家史是有聯繫又有區別的兩個不同的研究領域。研究中國各民族的形成和發展的歷史，無疑是一件十分重要而又十分艱巨的工作。它的艱巨性不僅在於歷史資料和語言文字方面的困難，也還由於各民族社會歷史狀況的差異，需要進行多方面的理論探討。民族史研究特有的艱巨性，往往使人望而卻步。編寫一部綜合探討各民族歷史發展的著述，更需要克服重重困難，呂老 1946 年在哈爾濱編著本書時，不僅不能像五十年代以後那樣可以獲得各少數民族的社會歷史調查資料，而且在利用舊有資料和前人成果方面，也不能不面臨很多困難。難度之大，是可以想見的。但是，呂老終於以極大的毅力和勇氣，完成了這個難題。當我重讀本書時，不能不首先想到呂老寫作時的這種令人欽佩的攻堅精神而產生崇敬之情。科學史的發展告訴我們，正是那些面對難以克服的難題，不畏險阻，刻苦攻堅的人們才對學術的發展作出了貢獻。如果一個科學工作者，只是滿足於做一些容易完成容易發表的課題，那就難以指望取得什麼成就。我們現在具有比呂老當年優越得多的各種條件，如果我們能夠繼承和發揚呂老的這種做難題攻難關的精神，堅持努力，我們的民族史研究必將取得更多的成果。（第 43 頁）

反觀當代學人，一個共同特點是「畏難」。有道是：「攻城不怕堅，攻關莫畏難。科學有險阻，苦戰能過關。」但現在的「攻關」早已變爲「公關」，長袖善舞，跑部錢進。至於科研，大都選擇「外圍戰」或者「游擊戰」，淺嘗輒止，打一槍換一個地方，對於難題往往繞路走。例證不勝枚舉，姑且從略。

三、黎澍的獨創精神

《學習黎澍治學的獨創精神》一文專門稱讚黎澍具有一些獨具的治學精神：

> 首先是黎澍治學的獨創精神。讀過他的論著的人都會感到，從選題內容到文章風格，都具有他自己的特色，而在許多重大的學術問題、理論問題上，他也多次提出獨具隻眼的創造性見解，引致人們注目。記得二十多年前，他在一部馬克思的傳記中看到馬克思曾把「獨立思考」作爲自己的座右銘，極爲振奮。他向我談及此事，要我據以寫一篇「論獨立思考」的文章。可惜我未能寫成，辜負了他的期望。但從他的幾次談話中，我深感他是十分自覺地把「獨立思考」作爲自己從事研究工作的準則，他的許多論著也正是在實踐著這個準則。一個事例是，他關於中國資本主義萌芽問題的論說。在 1954 到 1955 年興起的批判紅樓夢研究的運動中，似乎只有依據資本主義萌芽的觀點去評說《紅樓夢》這部名著，才算是歷史唯物主義。於是，「萌芽」越說越高，成爲一時的風尚。作爲中國近代史研究專家的黎澍，不惜付出很大的力量，去考察人們所提出的關於明清之際社會經濟情況的論證，並發表了題爲《關於中國資本主義萌芽問題的考察》的長篇論文，對當時流行的論點，提出了商榷。這篇論文的發表，打開了人們的思路，推動了「百家爭鳴」，在當時的史學界引起極大的反響。另一個事例是，在打倒「四人幫」後，他關於中國封建思想形態的評論。多年來，「批判資產階級」、「防止資本主義復辟」已成爲流傳極廣的口號。黎澍在他的評論文章中，直指「四人幫」是封建專制主義復辟，並經過對歷史和現實社會的考察，援古證今，揭出封建思想的殘存是建設社會主義現代化的重大障礙。他綜貫古今的犀利的論說，不僅涉及封建社會的研究，也涉及現實生活中的許多現象，自然引起廣大讀者的關注。上舉兩例都是涉及範圍較廣的重大課題。事實上，他的許多論文，都是在不同程度上自出新意，避免因循，立論獨樹一幟。他的新作一出，往往劃破沉寂，使人耳目一新，受到讀者的歡迎。(第 214 頁)

反觀當代學人，一個共同特點是「愛抄」。近年學風浮躁，剽竊成風。生前自詡爲「(超)〔抄〕級大師」，死後改謚曰「文抄公」。不求獨樹一幟，只求獨霸一方。不求獨立思考，只求輪流分贓。嗚呼！哀哉！

四、王襄的寬容精神

王襄是著名的古文字學家，著有《簠室殷契類纂》、《古文流變臆說》等書。蔡美彪 1942 年在天津崇化學會國學講習班聽王襄講授過《左傳》。《追思王襄老師》一文有一段極爲傳神：

> 1959 年他受聘爲郭沫若主持的《甲骨文合集》編委會委員，這是他最後一次接受聘任，也是一次有特殊意義的不尋常的聘任。從事過甲骨文研究的人大概都知道王與郭之間的一段因緣。1925 年，王老曾將他自藏甲骨七百餘片，逐片考釋，編爲《簠室殷契徵文》一書公諸於世。此書由天津博物院石印欠精，1930 年郭沫若在他的名著《中國古代社會研究》中直斥爲「作僞的傳播者」、「此書片片可疑」。王老處之泰然，不予聲辯，表現了學者的從容大度。三年後，董作賓在《甲骨文斷代研究例》論文中主動爲王老辯誣，直接說《徵文》「不僞」。郭沫若也由此覺察到鑒別的失誤。1933 年在所著《卜辭通纂》中作了自我批評，公開認錯。事隔二十多年之後，郭沫若主編《甲骨文合集》，邀約王老參預其事，自是出於工作的需要和對王老的尊重，也是對當年失誤的徹底否定。王老以學術爲重，不計前嫌，欣然接受聘任，對《合集》工作熱心支持。遺憾的是，他沒能看到《合集》編成出版，就在 1965 年 1 月九十高齡時辭世。郭沫若爲他題寫墓碑「殷墟文字研究專家王襄同志之墓」，署「郭沫若題」。回顧這段往事，王老實心治學，人不知而不慍。郭老知錯就改，不諱己過。兩位前輩的學術風範，都是後人學習的楷模。（第 8 頁）

反觀當代學人，一個共同特點是「愛鬧」。稍有不同意見，網上網下鬧得不亦樂乎，上則黨同伐異，明槍暗箭，抓住對方一點點失誤，便大打出手，恨不得將對手置之死地而後快；下則大搞人身攻擊，滿口污言穢語，如同潑婦罵街。眞是斯文掃地，哪有半點寬容精神可言？對比王、郭之風範，眞眞只有愧死！

結　語

蔡美彪先生在不同的時間、不同的地點分別表彰了四位前輩學者，闡發精當，言簡意賅，用不著我們再費口舌。但筆者以爲，不能孤立地看待這四種精神，而應該用聯繫的觀點看待它們，因爲四者恰好構成了一個起、承、轉、合的「圓圈」——起之以「二冷精神」，瞄準目標，堅定志向，突出一個「誠」字；承之以「攻堅精神」，紮硬寨，打死仗，突出一個「勇」字；轉之以「創新精神」，獨立思考，守正出新，突出一個「智」字；合之以「寬容精神」，海納百川，包容過失，突出一個「仁」字。如果一個學者同時具備上述四種精神與四種品德（即誠、勇、智、仁），我敢斷定——他最終一定會笑到最後，超凡脫俗，功德圓滿。

黃侃與國學傳承
——荊楚文化傳承工程選題推薦表

一、課題主要內容

（一）黃侃對清代學術的繼承與超越

（二）黃侃：民國學術的奠基者與傳統文化的守護神

（三）章黃學派的學術譜系

（四）章黃學派的學術影響

二、推薦理由

（一）黃侃是鄂東的國學名片，具有鄉土性意義

（二）黃侃是湖北的國學名片，具有區域性意義

（三）黃侃是中國的國學名片，具有全國性意義

（四）黃侃是世界的國學名片，具有世界性意義

古代湖北沒有出什麼國學大師，黃侃破天荒地開創了一個聲勢浩大的學派……（以下亡佚，字數不詳）

〔補記〕

此選題曾經上報有關部門，可惜泥牛入海無消息，「荊楚文化傳承工程」乾打雷，不下雨。《詩經．大雅．蕩》云：「靡不有初，鮮克有終。」政府工程往往虎頭蛇尾，甚至「但聞樓梯響，不見人下來」。類似表格填過若干，今立此存照，以紀念那些蠱惑人心的「偉大工程」。如此「爛尾樓」所在多有，但此題至今並沒有過時，今後實在有必要做完做好。這種選題本來不用論證，懂行的一定會認同，遇到不懂行的一定會遭厄運。嗟夫！

通往黃學之路（提綱）

引論：黃侃成爲研究對象（祈使語氣）

一、黃侃年譜（過去完成時）

二、黃侃評傳（過去完成時）

三、黃侃傳（現在進行時）

四、章黃學派學術檔案（現在完成時）

五、黃侃詩詞集箋注（現在進行時）

六、黃侃日記詳注（現在完成時）

七、黃季剛先生編年事輯（現在進行時）

八、黃侃年譜長編（將來完成時）

九、黃侃研究資料彙編（將來進行時）

十、黃侃全集（將來進行時）

結語：黃侃成爲研究平臺（感歎語氣）

〔補記〕

2016 年 10 月 21 日～24 日，紀念黃侃先生誕辰 130 週年國際學術研討會在武漢大學召開。22 日下午，在珞珈山莊一樓二會議室我與蘇州大學王建軍教授共同主持了一場分組討論，並就此提綱作了發言。章黃之學在大陸早已式微，後繼乏人。有的人雖然打著章黃的招牌，往往拉大旗作虎皮。道不同不足與謀。首先必須將章太炎黃侃還原爲研究對象，始可與談章黃之學。那些妄圖將章黃視爲偶像者可以休矣！那些妄稱章黃第幾代傳人者可以休矣！

兩湖學派·洞庭學派·赤山學派（提綱）

上篇、兩湖學派

一、近代學術的嬗變與兩湖學派的崛起

二、兩湖學派的發展與演變

黃侃 1932 年對符定一說：「馮桂芬死，下江無人。下江學術，溯江而上，往兩湖去矣。」馮桂芬死於 1874 年。

中篇、洞庭學派

一、楊樹達：長沙學派（或麓山學派）

（一）楊樹達生平簡介

（二）師承授受（吳——皖／揚州；主要傳人爲楊伯峻）

（三）學術成就（訓詁、文法）

（四）學術影響（溫故知新派、赤縣神州訓詁學之第一人）

二、曾運乾：益陽學派（或赫山學派）

（一）曾運乾生平簡介

（二）師承授受（無師自通；主要傳人爲郭晉稀）

（三）學術成就（音韻）

（四）學術影響（清代古音學眞正的殿軍）

三、余嘉錫：常德學派（或德山學派）

（一）余嘉錫生平簡介

（二）師承授受（無師自通；主要傳人爲周祖謨）

（三）學術成就（目錄）

（四）學術影響（四庫學的奠基者）

下篇、赤山學派

（一）張舜徽生平簡介

（二）師承授受（浙東——揚州；弟子甚眾）

（三）學術成就（歷史文獻）

（四）學術影響（20 世紀後期新雜家的代表人物）

〔補記〕

2011 年 6 月 22 日，華中師範大學舉辦張舜徽先生誕生百週年學術研討會，當時時間匆忙，沒有來得及撰寫論文，僅僅提供了一份簡單的提綱。該提綱在小組討論時引起與會專家（林慶彰教授、徐有富教授、周少川教授、鄒振環教授、錢茂偉教授等）的注意，引發了熱烈的討論。有人以《周易》坤卦六二爻辭「直方大」總結張氏之學，未免擬之不論，當場有所異議——直而不深，方而不圓，大而不高。如此放言高論，難免觸動某些人的神經。我古直迂拙，不擅長寫應景之作，但此提綱首次提出了若干新概念，不可廢棄。

《黃侃日記》釋疑一則

中華書局本《黃侃日記》中冊《己巳治事記》七月廿三日（1929 年 8 月 27 日）載：

> 己巳七月廿三日甲申　讀畢石印《經解匯函》本《春秋繁露》，遂溫此書。墨筆圈點者，乃戊午、己未間與儀徵劉申叔先生同居京師時所爲，忽忽十年，學業不進，展卷婉悚。午後，與〔潘〕石禪及〔念〕田詣梅庵。爲石禪書一詩，題曰《書七月廿三日事》，五言古詩，用尤、侯、幽、事韻。（下略）（第 569 頁）

程千帆先生主持整理的江蘇教育本《黃侃日記》增加了大量的案語，提供了許多研究信息與進一步探索的線索，而中華書局本竟然一概刪去，未審何故。此條江蘇教育本原有程千帆先生的案語：「『事』字疑誤。」《書七月廿三日事》一詩，《黃侃日記》未載，《黃季剛詩文鈔》也失收。因此，解決此疑的關鍵是找到黃侃的原作。

經過反覆排查，我們終於在《制言》第二十六期上找到了這首感時傷生、憂國憂民的五言古詩，詩曰：

> 炎官正當令，天地曾無秋（尤）。赤地已千里，羲和不肯休（尤）。
> 陵農坐前簷，就蔭櫛我頭（侯）。惟驚日軌軌，無復風颼颼（宥）。
> 青天出迅霆，萬響雜以稠（尤）。市聲一時寂，神鬼晝啾啾（尤）。
> 亳社烏爭嘻，武庫失戈矛（尤）。名都置此物，猛乃過貔貅（尤）。
> 滇南今歲事，殃禍從天投（侯）。傳聞五華山，一旦夷爲丘（尤）。
> 建康信名勝，無取居群酋（尤）。人理已澌滅，天意還悠悠（尤）。
> 民生苦波蕩，箚瘥盈道周（尤）。我本一賓萌，胡爲久滯留（尤）。

誓將挈妻孥，高舉還故疇（尤）。聰明既閉塞，年壽宜益遒（尤）。

回頭謝斯人，不與聖同憂（尤）。

經過一一考證原作的用韻情況，詳見括號內韻目字，除了平聲尤（14 次）、侯（2 次）韻之外（未用幽韻字，「幽」字連類而及），詩中「颼」字用去聲宥韻。由此可知，「事」字確爲誤字，當作「宥」。千帆先生當時未見黃侃原作，故有此疑。今不憚繁瑣，徵文考獻，爲之考訂，既可祛千帆先生之疑，亦足以補《黃侃日記》之遺。

《黃侃日記》訂誤一則

中華書局本《黃侃日記》中冊《己巳治事記》三月廿九日（1929 年 5 月 8 日）載：

> 廿九日癸丑（五月八日　禮拜三）　晴。　姚卿雲取去《體撰錄》及《石橋集》。　此月讀書太少。
>
> **四更起坐寺樓**
>
> 偶然離世紛，深山此一宿。夜月不可辨，瞑坐息心目。中宵梵唄起，如奏雲門曲。殘月升東岡，微颸響深竹。永懷山阿士，風流竟誰續。身名等傳舍，捐宅無羈束。南朝正擾攘，隱處從所欲。憐彼筍籜冠，輕用污芳躅。
>
> **三月廿三日偕伯沆、小石、旭初詣棲霞**
>
> 狂塵無處避，結侶入雲峰。古寺依然在，徵君不可逢。殘陽照壞塔，深路暖群松。一坐消千感，沉沉向晚鐘。（第 546～547 頁）

今按：是日所附《四更起坐寺樓》、《三月廿三日偕伯沆、小石、旭初詣棲霞》二首頗爲唐突，因爲日記所記既無四更起坐寺樓之事，亦無遊棲霞事。第二首詩注明時間爲「三月廿三日」，查是年農曆三月廿三日爲 1929 年 5 月 2 日，是日日記載：

> 廿三日丁未（五月二日　禮拜四）　晴，夜雨。十時，偕友人五人赴蘇，乘十二時三十分快車，在車上飲白蘭地，食西菜，熱甚，僅著單衣，七時到，〔吳〕瞿安迎於站，自新開平門入，經北寺塔下，至老城隍廟街，寓中央飯店，予居二號。旋瞿安邀出，食於觀前街

松鶴樓，蘇菜甚美，予始食鮮蓴，信爲眞美，宜季鷹之思之也。還寓，與諸人商遊事，有憚至鄧尉者，予力爭之。〔王〕伯沆至余室，詳談其身世，不禁泫然。（第 545 頁）

隨後兩天，黃侃與王伯沆、胡小石、吳梅、汪辟疆等人遊蘇州，並至鄧尉探梅，望香雪海，但此行並無汪旭初，遊蹤顯然也與詩題所謂「偕伯沆、小石、旭初詣棲霞」不符。因此，我們有充分的理由懷疑此處編次一定有誤。因爲時間與事件脫節，「三月廿三日」極有可能是「某月廿三日」之訛，往前推索，未見與之相符者，往後推至四月廿三日，我們驚喜地發現——《己巳治事記》四月廿三日（1929 年 5 月 31 日）居然有明確的記載：

〔四月〕廿三日丙子（五月卅一號　禮拜五）　晴。午，小石、伯沆、旭初來飯，飯後遂挈田子偕諸人爲棲霞之遊。四時半登車，半時即到，抵寺小坐，出遊，經隋塔、無量殿，坐冠玉峰上觀落日，還越中峰下，觀珍珠泉而還。夜與諸人用謝公《石壁精舍還湖中作》韻聯句，夜靜山空，清景難記。寢至三時，起看殘月，梵唄大作，鍾磬泠然，此時之樂，眞難語江寧城中人也。（第 552 頁）

由此可見，原題「三月廿三日」正是「四月廿三日」之誤。是日日記所記時間、人物、事件均與上述二詩若合符契。首先，「午，小石、伯沆、旭初來飯，飯後遂挈田子偕諸人爲棲霞之遊。四時半登車，半時即到，抵寺小坐，出遊，經隋塔、無量殿，坐冠玉峰上觀落日，還越中峰下，觀珍珠泉而還。夜與諸人用謝公石壁精舍還湖中作韻聯句，夜靜山空，清景難記」一段與《(三)〔四〕月廿三日偕伯沆、小石、旭初詣棲霞》高度吻合。其次，「寢至三時，起看殘月，梵唄大作，鍾磬泠然，此時之樂，眞難語江寧城中人也」一段又與《四更起坐寺樓》高度吻合。因此，我們斷定：（1）黃侃的這兩首詩應該移至四月廿三日（1929 年 5 月 31 日）條下；（2）這兩首詩爲組詩，而其序應該按時序重新排列如下：

四月廿三日偕伯沆、小石、旭初詣棲霞

狂塵無處避，結侶入雲峰。古寺依然在，徵君不可逢。殘陽照壞塔，深路暖群松。一坐消千感，沉沉向晚鐘。

四更起坐寺樓

偶然離世紛，深山此一宿。夜月不可辨，瞑坐息心目。中宵梵唄起，如奏雲門曲。殘月升東岡，微飈響深竹。永懷山阿士，風流竟誰續。身名等傳舍，捐宅無羈束。南朝正擾攘，隱處從所欲。憐彼筍籜冠，輕用污芳躅。

棲霞，即千年古刹棲霞寺，又稱「棲霞精舍」，爲「南朝四百八十寺」之一。因寺中歷代高僧輩出，廣傳佛教「三論」，而成爲三論宗的祖庭。其間梵宇重迭，氣象壯觀，與湖北玉泉寺、山東靈巖寺、浙江國清寺並稱爲天下「四大叢林」。唐高祖時改稱「功德寺」，唐高宗時稱「隱君棲霞寺」，唐武宗會昌中廢，唐宣宗大中間改「妙因寺」，宋太平興國間改「普雲寺」，景德間改「棲霞禪寺」，元祐間改賜「嚴因崇報禪院」，又改「景德棲霞寺」，明洪武年間仍賜額「棲霞古寺」。隋塔，首建於隋仁壽元年（601），相傳隋文帝曾遇神尼，得舍利數百顆，登基後有意重興佛法，便在全國建塔 83 座，此爲其中一座，原爲木塔，至南唐時改建爲現今石塔。塔通高 18.74 米，爲八面五級密簷式，立於八角須彌座式的塔基上，各級均鐫有不同內容的佛教故事浮雕，精美無比。南京本爲六朝金粉之地，而黃侃與王伯沆、胡小石、汪旭初等人在佳日結伴出遊，逃避狂塵，越絕流俗，遊禪寺，登隋塔，觀棲霞之落日，追憶高士，神與古遊，用古韻以聯句，流連而忘返；夜宿古剎，四更而起，觀殘月，賞梵唄，放情山水，逃心禪悅，如是倒也與其「魏晉風度、六朝文章」頗爲切合。

綜上所述，我們不僅解決了這組詩的錯簡問題與寫作時間問題，也以詩文互證（即以日記證詩）之法窺見了其詩作的底蘊。

《黃季剛詩文鈔》所收《六醜》辨僞

湖北省人民政府文史研究館校訂《黃季剛詩文鈔》所收《六醜》一闋云：

正涼霞紺海，漏瑟轉、西風微掣。小山桂叢，留人香半滅。卻值佳節。曼衍魚龍戲，萬枝旛影，映五雲高揭。驕嘶寶馬香韉熱。絡幕傳簽，淞波翦纈。迢迢蜃樓仙闕。聽嚴城簫管，一霎吹徹。　歡悰未歇，奈霜痕苧發。俊侶攜遊處，懷抱別。年芳又過鶗鴂。漸街塵倦步，露寒侵襪。銀花燼、細車聲絕。不堪問、玉殿秋期，剩了舊宮新月。清商怨、休唱白雪。待夜闌、更續傳柑夢，釭華恨結。〔註 1〕

今按：此闋並非黃侃所作，其原作者爲李岳瑞。李氏《郢雲詞》第四十二闋即爲《六醜》，題爲「壬子九月朔日滬上紀所見，用夢窗韻，和季剛」，詞曰：

正涼霞紺海，漏瑟轉、西風微掣。小山桂叢，留人馨半滅。卻值佳節。曼衍魚龍戲，萬枝旛影，傍五雲高揭。驕嘶寶馬香韉熱。路幕傳簽，淞波翦纈。苕苕蜃樓仙闕。聽嚴城簫管，一霎吹徹。　歡悰未歇。奈霜痕苧髮。俊侶嬉遊處，懷抱別。年芳又過啼鴂。漸街塵倦步，露寒侵襪。銀花燼、鈿車聲絕。不堪問、玉殿秋期，換了故宮新月。清商怨、休唱回雪。向夜闌、更續傳柑夢，釭花恨結。〔註 2〕

〔註 1〕黃侃：《黃季剛詩文鈔》，湖北人民出版社，1985 年版，第 390 頁。

〔註 2〕李岳瑞：《郢雲詞》，朱祖謀輯《滄海遺音》卷三，《強邨叢書（附遺書）》，1989 年版，第 7641 頁。

兩相比較，文字稍有點竄而已（見加粗部分）。前者爲初稿，後者爲定稿。李氏之作何以會誤入黃侃之集中？據《黃侃日記》1934 年 3 月 11 日記載：

> 廿六日　辛巳（三月十一號　禮拜日）　雨甚，地烝，似將久雨也。看《滄海遺音》集中《郢雲詞》，咸陽李孟符先生（岳瑞）撰，中有《六醜》一首，乃壬子歲和侃者，去今二十三年。先生下世，殆已十餘年矣。追懷滬瀆之遊，曷勝愴怳！〔註 3〕

李岳瑞（1862～1927），字孟符，陝西咸陽人。光緒九年（1883）進士，選庶吉士，散館授工部主事，遷工部屯田司員外郎，兼充總理各國事務衙門章京，辦鐵路礦務事。戊戌維新期間，負責接奉傳旨要務，同宋伯魯一起組織「關西學會」，積極參加保國會的活動，也是光緒皇帝與康有爲、梁啓超等維新派人士之間進行聯絡的重要人物。維新變法期間，常把朝廷重要情況轉告維新派人士及國聞報館，通過該報宣傳變法維新主張，主動承擔《時務報》在北京的募捐收款和發行工作。變法失敗後，於 1898 年 10 月被革職，遂回咸陽原籍賦閒。1905 年赴上海商務印書館任編輯。辛亥革命後曾經任清史館編修。著有《春冰室野乘》、《郢雲詞》、《國史讀本》等書。

李岳瑞是黃侃的長輩，比黃侃大 24 歲。民國初元，黃侃在上海辦報，與之有過交往，如《黃侃日記》1913 年 11 月 30 日記載：「遇李孟老。」李岳瑞 1927 年去世，距 1934 年不過六七年，黃侃所謂「先生下世，殆已十餘年矣」一語不確。不難看出，狂放不羈、不可一世的黃侃對這位詞壇前輩倒是尊敬有加的，並對他予以深情追憶。

黃侃《六醜》一闋的原作今已失傳，而他的第四個兒子黃念祥在抄錄黃侃詩文時誤將李孟符的唱和之作竄入其中；湖北省人民政府文史研究館召集殷孟倫等老一輩文史專家校訂《黃季剛詩文鈔》時也未能及時勘正這一錯誤。今籀讀《黃侃日記》，重新整理黃侃詩文集，才得以訂正這一張冠李戴的訛誤。

〔註 3〕黃侃：《黃侃日記》，江蘇教育出版社，2001 年版，第 952 頁。

《黃侃年譜》續補

黃侃是複雜的，他被公認為新舊轉折點上的重要人物，但究竟重要到何等程度，學界的看法仍然是仁者見仁，智者見智。可以毫不誇張地說，黃侃的意義和價值，迄今為止還遠沒有被學界認識清楚。《黃侃年譜》的問世，或許為大家提供了有益的參考資料。但書囊無底，耳目難周，《黃侃年譜》雖經補訂，仍有缺漏。亡羊補牢，猶未為晚，故不避淺陋，再事補正。一俟條件成熟，我們再推出《黃侃年譜》的增訂本。

1、湯國梨談黃侃

大約一九二二年，我家住在嵩山路貝勒路禮和里……因而認識該校創辦人黃紹蘭。黃早年在北京女子師範學堂畢業。辛亥革命後，因張勳鬧復辟，黃南來到上海創辦博文女學。校址即現在的太倉路一二七號。由於她愛好鑽研文學，處理日常事務工作非所擅長，請同學趙敬若擔任校長。另一姓鍾的同學為教職員，位置僅次於趙敬若。趙與鄒魯結婚而辭職，鍾即接任校長。並設有董事會，由黃興的夫人王宗漢擔任董事長。

一九二一年七月底，正在學校暑假時期，中國共產黨的第一次代表大會，即在博文女校舉行。參加者有張國燾、周佛海、陳公博、毛澤東、李漢俊、李達、陳潭秋、劉仁靜等。參加者分別為一個地區的代表。如李漢俊、李達為上海代表。周佛海為日本代表。大會的組織是很簡單的，張國燾被選為主席，毛澤東、周佛海為秘書。除李漢俊、李達家在上海，陳公博住在大東旅社，其餘參加中共一大代表大會的各位代表，即以博文女學為臨時宿舍。他們是用「北京大學師生暑假旅行團」的名義爲掩護的。據黃紹蘭說：「這次中共一大，在博文女學共開了四天。在第四天傍晚，忽發覺有法租界巡捕房的偵探，幾次在附近出現。後來，就在博文隔壁的李漢俊家裏繼續開會。」現在太倉路一二七號是上海市級文物保護單位。

黃侃，字季剛，湖北蘄春人，爲太炎很賞識的大弟子之一。據說，他一生共結婚九次。刊物上曾有「黃侃文章走天下，好色之甚，非吾母，非吾女，可妻也」之說。因其有文無行，爲人所不齒。黃紹蘭與他同鄉、同族。季剛同她的輩分且屬尊長。黃姓在湖北蘄春爲大族。紹蘭的父親有兩個女兒。以紹蘭從小聰明，在她十二三歲時，即延季剛爲西席，作紹蘭的老師。後來季剛去北京，在女子師範學校爲教授。紹蘭亦即考入北女師肄業。畢業後，因張勳鬧復辟，北京治安成問題，乃到上海開辦博文女學。不久，季剛亦到上海，即向紹蘭追求。紹蘭以名分關係，當然拒絕。但恣意妄爲的黃季剛，仍一味向紹蘭進攻。紹蘭由於年輕識淺，終於受騙被佔有，迨鑄成大錯；雖然家有髮妻，但爲安慰紹蘭，依然用欺騙手法，立一結婚證書。可是這張結婚證書，女方當然是紹蘭，男方則爲李某某（並非黃季剛）。並由紹蘭熟識的人，爲雙方介紹人。當時季剛向她解釋：「男方所以用李某某的名義，乃是法律問題。因你也明知我家有髮妻。如用我眞名，則我犯重婚罪。同時你也明知故犯，也不能不負責任。」紹蘭經他花言巧語，認爲言之有理。後季剛又去北京女師大教書，和一個蘇州籍的彭姓女學生由戀愛而結婚。經呂碧城的胞妹電告紹蘭。紹蘭即帶了結婚證書去北京。先晤彭姓女子，即主張由她與紹蘭同時控告黃季剛重婚。但以自己結婚證書上的男方姓李，涉訟則季剛並無法律責任。結果，反而力勸彭勿與季剛決裂，廢然返滬。並以與季剛發生關係後，已產一女孩。產後尚未出醫院時，其老父忽到上海探望紹蘭。及至產科醫院，這位滿腦子舊禮教封建思想的老父，看到愛女懷中有一個初生嬰兒，即一怒而去。從此即與紹蘭斷絕父女關係。紹蘭所生的女兒，乳名阿玨，學名允中。黃紹蘭辦博文女學時，我和她經常過從。其時她寫了《易經注釋》四卷，要我請太炎指正，並表示願列太炎門下爲弟子。我亦力勸太炎收紹蘭爲弟子。太炎以從學的弟子雖然不少，但都是男的，沒有女的。後來，要紹蘭試寫三體《石鼓文》，如寫得好，可破例收她爲女弟子。結果，紹蘭便把《石鼓文》寫成三體四卷，要我請太炎指正。所寫一筆不苟，字均娟秀端正如其人。太炎看了，讚賞不已，遂收爲弟子。

紹蘭一度去南通當師範學校國文教員。一年後，即辭職返滬。在黃季剛未去北大前，紹蘭以母女二人生活成問題。乃將與黃季剛的關係，向我全盤托出。我聽後，以黃季剛實在可惡，但一時又無法協助紹蘭解決問題。乃和太炎商量，爲他們調解。那天，約兩人都到我家來吃飯，我一見黃季剛便極力捺住心中的忿怒，而平心靜氣地指出他用欺騙手段玩弄女性，事後置紹蘭母女於不顧，眞所謂：「小有才適足以濟其奸！」他對我雖不敢頂撞，卻似充耳不聞，一手握一瓶酒，一面喋喋不休地責罵紹蘭，爲自己辯護而推卸責任。紹蘭則一味哭。結果，太炎主張黃季剛每月給紹蘭一百元，每季度付一次爲三百元。黃季剛說：「沒有錢。」向太炎借了三百元給紹蘭，補助她母女生活，但以後黃並未履行諾言。

蔣政權在南京時，黃季剛在中央大學當教授。太炎在編寫《章氏叢書》續稿。黃經常向太炎以先睹爲快而索初稿謄清，作爲他向中大學生講課的講義。及章氏續篇出版，中大學生則認爲太炎的文章大多是由黃所編寫的。太炎對此並不計較。

及抗日戰爭全面爆發。在北京與黃結婚的彭氏，已生兩個男孩，即一起逃難到重慶。抗戰勝利，黃季剛已死。這兩個男孩都成長爲小青年，即先回上海。臨行時，彭氏特鄭重叮囑：「到了上海，先找黃紹蘭，見面時，必須跪著叩頭叫娘。」二子到滬後，遵照其母囑咐，找到紹蘭，立即雙膝跪下，很恭敬地叫「媽媽」。紹蘭明知此二子爲彭氏所生，而二子的面貌，則宛然是青年時期的黃季剛，精神突然受到極大刺激，因而當天發生了精神病。經其親生女兒阿玨把她送入精神病院治療。若干日後，接到病院通知，謂紹蘭已經死了。阿玨去病院時似以膽怯不敢走近乃母遺體，在較遠處望見其母面部連頭頸覆著毛巾。所以事後我們猜測，可能爲自縊身死。黃紹蘭的如此結局，難道不是這無恥之尤的衣冠禽獸——黃季剛害她的嗎？〔註 1〕

〔註 1〕許壽裳：《章太炎傳》，百花文藝出版社，2004 年，第 154～157 頁。

按：孟繁之在網上發帖說：「……再比如黃侃黃季剛，世人每談起他，皆以『國學大師』目之，素不知其人品甚惡、男女關係濫搞無度，甚至有時不避親眷（參見章太炎夫人湯國梨女士回憶錄）；而民國初年曾爲趙秉鈞內閣總理時的秘書長，宋教仁案，亦曾與聞（參見劉成禺《洪憲紀事詩簿注》及《世載堂雜憶》）。近年坊間編寫《黃侃日記》及《黃侃年譜》獨刪去民國初年一段，實在有乖史實。」「劍氣如爽」先生反駁道：「且不論這個所謂流弊分析得是否正確。黃侃一例就舉得並不確切，最近看司馬朝軍編纂的《黃侃年譜》，其中對其男女關係的方面也不諱言，並做到了理解之同情。」孟繁之先生所謂「《黃侃年譜》獨刪去民國初年一段，實在有乖史實」，不知何所據而云然？湯國梨女士的回憶文章，我見到的是《百年國士》轉載的刪節本，正好將黃侃與黃紹蘭的恩怨一節刪去，加之又未注明詳細出處。今據許壽裳《章太炎傳》一書的附錄將此事補出。至於民國史實部分，《黃侃年譜》原稿曾作爲背景材料一一按年繫於譜中，後被出版社刪去。復旦大學中文系傅傑教授曾建議今後出增訂本時應恢復原狀。

又按：湯國梨的回憶文字，原爲湯夫人口述，由胡覺民紀錄整理，不幸毀於「文革」中。1980 年秋，胡覺民再根據回憶重寫，故前後難免有紕漏之處。如「辛亥革命後，因張勳鬧復辟，黃南來到上海創辦博文女學」，此說時間有誤。張勳復辟在 1917 年，而黃到上海創辦博文女學則在 1912 年左右，季剛追求紹蘭也是此時，不久即產下黃允中。季剛在 1914 年始去北京，1916 年黃侃原配去世，不久，黃侃又與彭氏結合，將黃紹蘭撇在一邊，但還保持同居關係。1918 年黃侃將《聲韻略目》傳授給黃紹蘭，其敘曰：

> 少研陸韻，久之略得條理，積稿篋中，未遑整緝。或有友朋見而喜之，爲之抄錄成冊，余亦未能覆審之也。頃神志益衰，無復妙悟，自惜十年精力不宜遂（遽？）付蠹魚，爰以病閒之時，稍爲綜述，以告吾妻，以彼深諳音理，他日或據此而更獲新知，則吾未竟之業不憂中斷。嗟乎！萬事零落，矧此㸚㸚者不忘，誠知陋矣。戊午四月廿日，黃侃書於北京棉花七條寓，時年卅三歲。〔註2〕

延祖識云：「此爲先君手書於海雲堂製藍色十行紙上之便條，原存於先姊允中處。」延祖，即黃老七念寧。但有一點很重要，黃延祖承認黃允中爲「先

〔註 2〕《黃侃國學講義錄》，中華書局，2006 年，第 227～228 頁。按：原文標點多舛，此處已作調整。

姊」。更爲重要的是，黃侃在敘中提到「吾妻」。1918 年黃侃原配早已歸天，而黃菊英還不知在哪裏，因此可以斷定「吾妻」絕非此二人。既然此便條「原存於先姊允中處」，由此可見它的最初持有者爲黃允中之母黃紹蘭。黃紹蘭此時（1918 年）還是黃侃自己承認的「吾妻」，且「深諳音理」，故以絕業相託付。

2、楊亮功談黃侃

楊亮功《大學五年生活》載：

> 我在北京大學本科讀書的時候，正是北大學術風氣轉變的時期，這個轉變的結果竟導致了全國學術思想之轉變。……但是北大學術思想轉變的中心是在文科，而文科的中國文學系又是新舊文學衝突之聚點。……錢玄同、沈尹默、沈兼士和馬幼漁是站在新的方面，黃季剛則反對新文學最力。……
>
> 黃季剛先生教文學概論以《文心雕龍》爲教本。著有《文心雕龍札記》。他抨擊白話文不遺餘力，每次上課必須對白話文痛罵一番，然後才開始講課。五十分鐘上課時間，大約有三十分鐘要用在罵白話文上面。他罵的對象爲胡適之、沈尹默、錢玄同幾位先生。他嘲笑新詩，他譏評沈忘恩負義，他罵錢尤爲刻毒。他說，他一夜之發現，爲錢賺得一輩子之生活。他說，他在上海時窮一夜之力，發現古音二十八部，而錢在北大所講授之文字學就是他一夜所發現的東西。但是黃先生除了罵人外，講起課來卻深具吸引力。我最愛（讀）〔聽〕其講詩文，不似劉申叔先生「古典」文學如周誥殷盤之深奧難學。我以爲黃先生的詩文及其恃才傲物之性格，頗似清代李越縵。黃先生走起路來不是昂首窺天就是俯首察地，絕少平視，實足以表現其傲慢態度。但是有一次袁世凱爲籠絡文人起見，贈他嘉禾勳章，他卻拒絕接受。曾有詩紀其事云：「二十餅金眞可惜，且招雙妓醉春風。」（勳章證書費需二十銀元）這種傲慢態度，正是讀書人的長處。後來他終以與學校意見不合，離開北大。
>
> ……其外朱希祖先生，教的是上古文學史，與劉申叔先生所教的中古文學史比較起來，自然相形見絀，因爲有了同門黃季剛的斡旋，未被趕走。周作人先生教的是歐洲文學史。周所編的講義既枯燥無味，講起來又不善言詞。正如拜倫所描寫的波桑（Porson）教

授:「他講起希臘文來,活像個斯巴達的醉鬼,吞吞吐吐,且說且噎。」因爲我們並不重視此學科,所以不打算趕他。

自從劉申叔、黃季剛兩先生一死一走,北大文科舊勢力大減,同時五四風潮發生,實大有助於新文學運動之發展。起初新舊文學論戰,只限於校内幾位教授,後來新文學運動與五四運動合流,而成爲一種社會新生運動。此種新運動,由一校影響到北平各學校,由北京一地而影響到全國。新文化運動隨著五四運動而發展,正如希臘文化隨著馬其頓軍隊傳播地中海沿岸一樣。當時舊派文人如林琴南等也正像羅馬老卡陀(Cato,elder)一樣抗議希臘文化的浪潮,但不能阻其發展,雖然這種反對是繼續不斷的存在著。〔註3〕

按:黃侃善詈,赤口燒城,盡人皆知。但有的人居然連這一點都不肯承認,說什麼黃侃從來不罵人,寫文章講文德云云。事實果眞如此麼?

3、田炯錦談黃侃

田炯錦《北大六年瑣憶》載:

當時有一個馳名的經史學教授黃季剛先生,爲學人們所崇仰。但其行動長令人感覺奇怪駭俗。有一天在北大理科大門口,與一個拉人力車者對罵,他旋罵旋向校内行走,惹得很多人圍觀。有一天下午,我們正上課時,聽得隔壁教室門響動,人聲鼎沸。下課時看見該教室窗上許多玻璃破碎,寂靜無人。旋聞該班一熟識的同學說:黃先生講課時,作比喻說:好像房子塌了,言畢,拿起書包,向外奔跑。擁擠的不能出門,乃向各窗口衝出,致將許多玻璃擠碎。……我時常想:黃深研我國經史,應是衣冠整齊,態度嚴肅的人,胡〔適〕被認爲反對舊文學舊禮教的人,應是不守傳統規範不拘泥於小節的人。但是看見過他們後,覺得與我的想像完全相反。〔註4〕

4、羅家倫談黃侃

羅家倫《蔡元培時代的北京大學與五四運動》載:

以一個大學來轉移一時代學術或社會的風氣,進而影響到整個國家的青年思想,恐怕要算蔡孑民時代的北京大學。……蔡到北大的一年,適巧是我進北大的一年,當時的情形,可以說是暮氣沉沉,

〔註3〕臺灣《傳記文學》第4卷第1期
〔註4〕臺灣《傳記文學》第22卷第1期

眞是腐敗極了。教員之中，沒有一點學術興趣的表現。學生在各部掛名兼差的很多，而且逛窯子個個都是健將，所以當時北京窯子裏有兩院一堂之稱(兩院者參議院眾議院，一堂者京師大學堂也)。……文科方面，則生氣較多，胡適之是新從美國回來，章行嚴也到學堂來教幾點鐘邏輯。國文方面，則蔡挑了一批章太炎的學生如黃侃(季剛)、錢玄同、沈兼士、沈尹默、朱希祖，更有一位經學大師劉師培，和一位兩足書櫃陳漢章。還有一位劉半農，本來是在上海做無聊小說的，後來陳獨秀請他到預科教國文。當時大家很看他不上，不過慢慢地他也走上正路了。……胡適之初到北京大學，我曾去看他，他的膽子是很小，對一般舊教員的態度還是十分謙恭，後來因爲他主張改良文學而陳獨秀、錢玄同等更變本加厲，大吹大擂，於是胡適之氣焰因而大盛，這裡彷彿有點群眾心理的作用在內。當時陳獨秀提出文學革命的時候，大家已經目瞪口呆了，而錢玄同更加提出廢除漢字的主張，所以許多人更目之爲怪誕。……當時《新青年》社是由六個人輪流編輯的，陳獨秀筆鋒很厲，主張十分尖刻，思想很快而且好作驚人之語。他的毛病是聰明遠過於學問，所以只宜於做批評社會的文字而不宜於做學術研究的文字。胡適之在當時還是小心翼翼的，他回國第一年的工夫，拼命的在寫著他的《中國哲學史》上卷，他自己親手抄了兩遍，的確下過一番苦功。……他做了一些似詞似詩的所謂白話詩，雖然失之於淺薄，但是在過渡的時代裏是很適合於一般人口味的。錢玄同本來是一個研究音韻學的人，是於新知識所得很少卻是滿口說新東西的人，所以大家常說他是有神經病，因爲他也是一個精神恍惚好說大話的人。……他當時主張廢姓主張廢漢字，因爲大家更覺得這種主張可怕，而更覺得錢玄同是同瘋子一樣。沈尹默也是一個編輯，但是他是很深沉而喜治紅老之學（《紅樓夢》和《道德經》）的人，手持一把大羽扇，大有謀士的態度。北京大學許多縱橫捭闔的事體，都是經他手的。他不做文章，也不會做，但是因爲他常做的白話詩，而胡適之讚賞他的詩做得好，所以也成爲《新青年》六編輯之一。……至於舊派方面，劉師培在學問方面是公認的泰斗的，他賦性柔弱，對於此類問題不去計較。黃季剛則天天詩酒謾罵，在課堂裏面不教書，只是罵人，尤其是對於錢玄同，開口便說玄同是什麼東西，他那種講義不是抄著我的呢？他對於胡適之文學革命的主張，見人便提出來罵，他有時在課堂中大聲地說：「胡適之說做白話文痛快，世界上那裡有痛快的事，金聖歎說過世界上最痛的事，莫過於砍頭，世界上最快的事，莫過於飲酒。胡適之如果要痛快，可以去喝了酒再仰起頸子來給人砍掉。」這種村夫罵座的話，其中尖酸刻薄的地方很多，而一部分學生從而和之，以後遂成爲「國故派」。還有一個人，讀書很多，自命不凡但太息痛恨於新文學運動的，便是陳漢章。……他自負不凡，以爲自己了不得，只有黃季剛、劉申叔還可以和他談談，這位先生也是當時北大一個特色。還有朱希祖、馬敘倫等人，則游移於新舊之間，講不到什麼立場的。從《新青年》出來以後，學生方面，也有不少受到影響的，像傅斯年、顧頡剛等一流人，本來中國詩做得很好的，黃季剛等當年也很器重他們，但是後來都變了，所以黃季剛等因爲他們倒舊派的戈，恨之刺骨（最近朱家驊要請傅斯年做文學院長，黃季剛馬上要辭職）。當時我們除了讀書以外實在有一種自由討論的空氣，在那時我們幾個讀外國書的氣很盛，其中以傅斯年、汪敬熙和我三個人，尤其喜買外國書……傅孟眞是拋棄了黃季剛要傳章太炎的道統給他的資格，叛了他的老師來談文學革命。他的中國文學，很有根柢，尤其是於六朝時代的文學，他從前最喜歡讀李義山的詩，後來罵李義山是妖，我說：「當時你自己也高興著李義山的時候呢？」他回答說：「那個時候我自己也是妖。」……當時還有一派北大的學生和教員辦了一個雜誌叫做《國故》，其目的在於和《新潮》對抗的，這一派的主幹，在教員之中，便是黃侃，學生之中，便是張煊（後來是張學良的機要秘書），他們關於文藝的理論，是非常薄弱的，其抨擊新文學的地方，也不能自圓其說。其中登了許多文藝的文字，也多半是故國斜陽的呻吟而已。所以《國故》雜誌出來，很不能引起各方面的注意和重視。而且有許多人很輕視它，辦了不久也就停止了。……當時對於新文學的抵抗力不外三種，一種是林琴南派，一種是東南大學的胡先驌和他所辦的《學衡》雜誌，一種是北京大學內部的《國故》雜誌。但是綜合起來，抵抗力還是很薄弱的。〔註5〕

〔註 5〕臺灣《傳記文學》第 54 卷第 5 期

按：此文係羅家倫於 1931 年 8 月 26 日口述，馬星野筆錄。因爲涉及當時人物甚多，一直沒有公開發表，直到 1978 年才在《傳記文學》上刊布。

5、王崑崙談黄侃

王崑崙在《蔡元培先生二三事》一文中說：

蔡先生長北大時，主張百家爭鳴，所以會有兩位名教師唱對臺戲的情況，這不僅充分表現了學術民主，而且能啓發學生的思路，培養獨立思考，探索眞理的興趣與能力。我那時在文科學習，選修文字學。教文字學的有兩位老師，一位是新派錢玄同，一位是老派黄侃。我選的是錢玄同的課。一天，我正在課堂聽錢老師講課，不料對面教室裏正在講課的黄侃大聲地罵起錢玄同來了。錢聽了滿不在乎，照樣講課。後來，我就既聽聽錢玄同的課，也聽聽黄侃的課，以便兩相對照。這種情況並非罕見，它生動地反映當時北大，在蔡先生的領導下，「兼容並包」、百家爭鳴、學術民主的氣氛。〔註 6〕

6、周法高談黄侃

周法高在《記昆明北大文科研究所》一文中說：

羅（常培）先生不但對我們做研究生的頗有容人之量，並且把他過錄的《經典釋文》諸家校本借給我移錄。那時已經是 1940 年。……後來在 1943 年春季我和董同龢先生到成都去調查四川方音，在我的老師趙世忠先生那裡又借到一部趙的女婿殷孟倫先生過錄的黄季剛先生所錄的諸家校本，又用另一部《經典釋文》在成都兩三個禮拜當中過錄了一遍，後來寫成了《記諸家校本經典釋文》一文，收在《中國語文論叢》一書中（正中書局出版）。……此外，黄焯先生根據宋本《經典釋文》和諸家校本所作的《經典釋文匯校》，又已經出版了。這眞是一個天大的喜訊，對研究《經典釋文》和經典的學者又增加了不少新資料了。希望影印宋本的《經典釋文》能夠在臺灣早日重印，以饗讀者。黄焯，字耀先，是黄侃（字季剛）先生的侄子，是當年中央大學中文系具備教授程度的四大助教之一。其他三位是錢堃新（字子厚）、潘重規（字石禪）、殷孟倫諸先生。〔註 7〕

〔註 6〕《光明日報》1980 年 3 月 4 日

〔註 7〕臺灣《傳記文學》第 42 卷第 1、2 期

7、陶希聖談黃侃

陶希聖在《北京大學預科》一文中說：

國學的講授者沈尹默先生，和文字學的沈兼士先生，都是章太炎先生的門下士。民國初年北京的文史學界的泰斗都出於太炎先生之門。他們兩位都是其中錚錚者。我們同學深爲敬佩，但是他們的上面還有黃季剛先生在國學門講學。我們預科學生斷乎不敢望其項背。那黃先生是傲慢無比的。〔註 8〕

按：沈兼士是章太炎先生的門下士，但沈尹默不是。詳見《黃侃年譜》第 90 頁。

8、胡先驌談黃侃

胡先驌在《京師大學堂師友記》一文中說：

同學中與汪辟疆兄同以詩名者爲王曉湘（易）兄。兄乃南昌人，爲香如先生之長子，原名朝綜。少年隨宦至汴，入客籍學堂，與汪辟疆兄爲同學，又同考入大學預科，在校時即以能詩名，然辟疆兄治宋詩，意境酷似陳簡齋，書法則改宗鍾王，兼善褚楷，已步趨鄉賢趙聲伯矣。辛亥後，隨其父商邱公寄居萍鄉。父沒後與其弟王然父侍母來南昌，主持《江西民報》副刊。曉湘詩學簡齋，然父則學山谷，蓋由李長吉轉手者，其句法且時突過乃兄，大爲陳散原所稱。其昆弟又善倚聲，一度效法劉龍洲成詞一卷，曰《南州二王詞》，大爲先輩所激賞。然父尤善駢文，曉湘亦然。曉湘幼承家學，又擅音律，鼓琴品簫，莫不盡善。篆刻則得皖人黃牧父之傳，造詣亦不下於陳師曾也。主講第二中學與心遠大學有年，後乃遠遊北京師範大學講席，繼任中央大學國文系教授，乃陸續刊布其重要著作如《國學概論》、《詞曲史》、《樂府通論》諸書。其學問之淵博，文辭之美妙，雖岸傲自善之黃季剛亦不能不心折也。〔註 9〕

9、朱偰談黃侃

朱偰《我家的座上客》：

在民國初年，當我們還住在東城吉兆胡同的時候，來往的人以

〔註 8〕臺灣《傳記文學》第 42 卷第 1、2 期

〔註 9〕王世儒、聞笛編《我與北大》，北京大學出版社，1998 年，第 24 頁。

章太炎先生和章門弟子爲主。來得最多的是錢玄同（他當時還叫做錢德潛）、沈尹默、沈兼士、馬裕藻。

……章太炎先生自從辭去東三省籌邊使（一個袁世凱爲了籠絡他給他的空頭銜）以後，回到北京，袁世凱很注意他的行動，暗中派人監視。袁氏陰謀稱帝，章先生大憤，幾次想回上海，竟走不脱。遂跑到總統府，要當面詰問袁世凱，又不被接見。章先生拿勳章做扇墜，在會客室裏頓足大罵。袁世凱命令把他幽禁在龍泉寺，後來又移到東城錢糧胡同的一所空宅裏。北京常有一些「凶宅」，沒有人敢住，這錢糧胡同房子，聽説也是「凶宅」之一。章先生住進去，所有廳差人等，表面上算是別人薦的，其實都是警廳暗探。來客起初並不限制，有一天，來了個日本人談學，因爲語言不能暢達，彼此都用筆談。暗探們聽不到聲響，從窗裏往内一張，以爲定是商量什麼機密，趕著去報功邀賞。警廳小題大做，便密令斷絕賓客來往。章先生一連好幾天不見客人前來，知道是遭到禁閉，絕食表示抗議。章門弟子竭力營救，内中有一個汪東，在内政部做事，寫了一封懇切的信給總統府機要局長張仲仁，説章先生絕食已經好幾天，恐有不測，政府將有「殺士」的責任，請他設法解救。張氏把這封信給袁世凱看了，親筆批了「交辦」兩字，這自然是交警察廳的，既有了批，便好説話。於是章門弟子，開了一個會，當即推舉代表，我父親也在内，跟警察廳長吳炳湘接洽，議定一張名單，共十二人，錢玄同、馬裕藻、沈兼士、汪東等都在内，這十二人，是可以隨時自由往見的。一面報告章先生，已經解禁。只要每天有人輪流去談，章先生也不至感覺寂寞。在這個時期，我父親常常去錢糧胡同照料，勸他復食。直到袁世凱帝制失敗，黎元洪繼任總統，章先生才恢復了自由，不久也就離京南下了。

章先生南歸以後，他的門弟子還是長期來往。那時常到我們家裏來的，有三沈（沈士遠、沈尹默、沈兼士三兄弟）、二馬（馬裕藻、馬叔平二兄弟），加上黃季剛、錢玄同等。記得有一次父親在家裏請客，酒席已經設好，黃季剛來了，燒酒、紹興酒都不肯喝，偏偏指名要喝五加皮酒。父親沒有辦法，只好臨時派人去買。爲了這件事，父親還狠很地受了母親的埋怨。

陳獨秀那時在北京大學擔任文科學長，也到我家來吃過飯。父親請他上坐，談著辦「新青年」的事情。母親偷偷地去看了一下，見陳獨秀說話的時候，先挺一挺眉毛，眉宇之間有一股殺氣。客人走了之後，母親對父親說道：「這人有點像綠林好漢，不是好相與的。你怎麼同這些人打起交道來了？」後來陳獨秀因提出共產主義，鼓吹社會革命，在「新世界」七層樓上散發傳單被捕下獄。母親聽見了，又對父親說道：「怎麼樣，我說的不錯吧，勸你以後還是少同這些人來往吧！」父親又笑了笑，沒有同她進行分辯。

……胡適初回國任教時，在北大還是末學新進，因得到蔡老先生的賞識，所以步步高升。後來又以提倡白話文學得名，一直做到文學院院長、北大校長。他也常到我家裏來，看看我父親的藏書，談談版本。父親不大看得起他，批評他的《中國哲學史大綱》寫得膚淺，而且肯定地說，他出了中卷以後，下卷是寫不下去了，因爲他既不懂佛學，又不懂宋、明理學。果然，他的《中國哲學史大綱》勉強出到中卷爲止，下卷始終沒有能夠出版。〔註 10〕

按：朱偰係朱希祖之子。

10、朱元曙在《朱希祖與錢玄同》一文中說：

另據朱希祖一九三五年一月三十日日記，此日朱希祖與黃侃等人同赴劉國鈞宴，席間黃侃說：

章太炎先生嘗對人言，余有五弟子，黃侃可比太平天國天王，汪東爲東王，錢玄同爲南王，朱希祖爲西王，吳承仕爲北王。〔註 11〕

按：《黃侃日記》是日載：「暮赴衡如、確杲之招予美麗川館，坐有逷先，言曾見珂羅版《重廣會史》半部。」（第 1031 頁）劉國鈞字衡如，朱希祖字逷先。劉繼宣字確杲，曾任金陵大學、中央大學教授，著有《中華民族拓殖南洋史》等。朱元曙係朱希祖之孫、朱偰之子。

11、林尹《中國學術思想大綱．清代之徵實學》

〔章太炎〕與弟子蘄春黃侃，同爲民初言學術者所宗。

黃侃字季剛，「少〔時〕讀書艱苦，其鋭敏勤學亦絕人。既冠，

〔註 10〕《萬象》2005 年 4 月第七卷第四期，第 20～23 頁。
〔註 11〕《萬象》2006 年 4 月第八卷第一期，第 100 頁。

東遊〔學〕日本，慨然有光復諸夏之志，嘗歸集孝義會於蘄春，就深山廢社說種族大義及中國危急狀，聽者累千人，環蘄春八縣皆向之，衆至數萬，稱曰「黃十公子」。清宣統三年，武昌倡義，季剛與善化黃興、廣濟居正往視，皆曰兵力薄，不足支北軍，乃返蘄春集義故謀牽制，得三千人，未成軍，爲降將某所襲亡去，之九江，未幾，清亡。季剛自度不能與時俗諧，不肯求仕宦。……始專以教授自靖。……爲學務精習，誦四史及群經義疏皆十餘周，有所得，輒箋識其端，朱墨重沓，或塗剟至不可識。……尤精治古韻，始從余問，後自爲家法，然不肯輕著書。」（章炳麟撰《黃季剛墓誌銘》）

先師黃先生之卒，於今將二十年矣，尹親接謦欬，時逾十載；睹先生用工之深，與乎求眞之切，雖乾嘉諸老，恐亦不能過也。窮經博禮，既有獨到之功；文字音韻之學，尤能發千載之秘，而自立其說。（錢玄同序林尹《中國聲韻學通論》曰：「黃君邃於小學，聲韻尤其所專長，《廣韻》一書，最所精究，日必數檢，韋編三絕，故於其中義蘊闡發無遺，不獨能詮其名詞，釋其類例，且由是以稽先秦舊音，明其聲韻演變之跡，考許君訓詁，得其文字孳乳之由，蓋不僅限於《廣韻》，且不僅限於聲韻學，已遍及於小學全部矣。」）至其文辭之雋永深醇，則尤其次也。晚歲每不慊其早時之作（汪辟疆《悼黃季剛先生文》曰：舊撰《音略》《文心雕龍札記》，皆非其篤意之作，有詢及之者，心輒懌。蓋早已芻狗視之矣。）而天不假年，未能克竟其志。（先生嘗謂：年五十當著紙筆，而年五十遽以嘔血而終。）雖門人弟子，多有傳其學者，終不及先生之萬一也。先生卒於民國二十四年十月，年五十。遺著有《三禮通論》、《集韻聲類表》及詩文集等。《音略》、《文心雕龍札記》則其早年所作；量守廬日記，歷二十年未嘗間斷，皆其平日治學之心得也。〔註12〕

12、《今傳是樓詩話》「黃侃詩」條

蘄春黃季剛侃，其尊人爲翔雲先生，以文章氣節有聲咸光間。君少承家學，壯有才名，與吳縣汪東旭初、歙縣吳承仕檢齋、蒲圻但燾植之同爲太炎高足。余與君久不相見，前歲自武昌曾寄書索寄近刻，時方都講鄂校，屏絕聲聞，邈然高躅，心竊敬之。君工塡詞，

〔註12〕《中國學術思想大綱》，華東師範大學出版社，2006年，第160～161頁。

詩亦不作六代以後語，近體尤不輕作。《贈大圓居士唐槃六》:「都梁奇卉遠傳芬，矯矯唐生信不群。辯理直過《齊物論》，歸眞早有發心文。螺音應揭狂禪覆，雁宕今看晏坐雲。我已人間無所戀，値回江海擬從君。」《至武昌寄北京大學文科同學》:「深淵有回瀾，嘉卉向故根。宿心既云慰，萬事何足論。馳車武陽外，日夕歸修門。江漢自安流，南紀今彌尊。追維龕亂功，始信危能存。雖幸楚風遠，猶鄰秦俗昏。微軀感萍蓬，累歲懷蘭蓀。鄉黨不見遺，承命載欣奔。早憐朔野寒，晚愛江鄉溫。誓將息紛華，專志謦饔飧。登樓望蓟丘，慷慨懷舊恩。談燕且軫念，況乃託弟昆。久要貴不忘，薄終義弗敦。徒恐燕雀輩，昂首譏翔鶤。離別誠獨難，思之尚銷魂。」《始達武昌即事言懷》:「十載飄蓬始得歸，眼前百態與懷違。故鄉多少傷心地，試問當年丁令威。篝火叢祠楚始張，八年歲月去堂堂。嬴顚劉蹶君休問，且夢人間建德鄉。朔野頻年作旅人，屢勞皀莢澣黃塵。歸車如劍過郥阸，到眼山川盡可親。回首風塵合息機，遠遊何事久忘歸。歸來百計皆須後，且向秋山看落暉。隴漢逡巡馬季長，晚途折節亦堪傷。君看繞指柔何甚，猶是當時百練剛。菽水深慚義養人，關河轉徙累衰親。晨飧謦潔推鄉味，從此南陔有好春。」「篝火叢祠」句頗有所諷，君之沉冥遺世，殆亦有所託而逃乎？〔註 13〕

同書「餘杭二妙」條云：

吳江金松岑天羽，有《贈餘杭汪旭初大令東寶詩》云:「君家伯子氣英妙，文采風流海外聞。交君又見詩格秀，落紙藹藹春空雲。同綢纖華才縱逸（蘄春黃季剛侃著有《纖華閣詩詞》），二妙並出餘杭門（章太炎)。一朝去攝餘杭宰，吟詩嘔噱官不尊。道書洞天三十四，大滌之山離世塵。君才合知洞霄宮（君新茸洞霄宮)，衙參牒訴非其倫。招遊大滌不克往，爲我十千貰得餘杭春。」旭初，袞甫之弟也。洞霄宮爲餘杭名勝。顧主者以與臨安接界，時涉構訟。旭初宰杭日，集資新之，亦一段佳話。君詩學玉溪，詞學清眞。《暮春有感》云:「細雨漂花又送春，遙情幽意兩難申。不知鏡裏添華髮，但覺尊前少舊人。青鳥幾曾傳別恨，啼鵑空自垢芳辰。餘香倘得隨風播，何惜微軀搗作塵。」又《寄陳師曾槐堂》云:「童稚交親得幾人，

〔註 13〕王揖唐:《今傳是樓詩話》，遼寧教育出版社，2003 年，第 157～158 頁。

與君心跡最相親。謫仙才調眞無敵，玄宰丹青更絕倫。江海常愁歸夢阻，干戈不礙寄書頻。只今柿葉翻時候，萬里廣風獨愴神。」詩作於民國十一年，末二句用義山詩意。蓋旭初與師曾均曾有微之之戚。哀甫見之詫曰：「何其蕭槭類挽詩耶？」越一年而師曾卒，又不啻讖語矣。君古體多出入鮑謝，與季剛交期極篤，故世論目爲「餘杭二妙」云。〔註 14〕

13、黃侃致汪東書

數日不見，於嗟闊兮。前求刻璽，需此印書，願早見畀。庚子日近，學中罷講，思與兄同作主人，邀諸老先生遊宴竟日，得無合旨，願臨此議之。瞿安若不欲入社，可不邀之，宜先詢而後邀。旭初尊兄足下。侃白。〔註 15〕

按：方繼孝推斷「此札書寫時間爲 1927 年前後」，不確。

14、黃侃挽陳黻宸

龍蛇遇讖，通德人亡，私淑顧亭林，此日先傳堂奥夢；

牆壁著刀，《論衡》文在，平生王仲任，小儒曾見帳中書。〔註 16〕

15、柯楊《黃侃、楊昭恕與黃文中的文字緣》

隴上著名書法家臨洮黃文中（中天），爲西湖「平湖秋月」所撰之「魚戲平湖穿遠岫，雁鳴秋月寫長天」一聯，何以由著名學者黃侃（季剛）篆寫，由楊昭恕請人製聯？其中有一段緣由。

楊昭恕，字心如，湖北穀城人，大學教授。1935 年赴杭州，與黃文中同居俞樓而相識，過從甚密。楊對黃之文才、書法讚歎不止。請黃將所撰全部西湖聯語以《西湖楹帖集》爲題，書寫後裝裱成冊相贈。黃在此集中撰有自序一篇，全文如下……楊昭恕將此楹帖集呈國學大師黃侃先生觀賞，黃侃亦大加褒揚，並熱情爲其題跋云：

〔註 14〕王揖唐：《今傳是樓詩話》，遼寧教育出版社，2003 年，第 178～179 頁。

〔註 15〕方繼孝：《舊墨記》，北京圖書館出版社，2005 年，第 107 頁。

〔註 16〕胡珠生編《東甌三先生集補編》，上海社會科學院出版社，2005 年版，第 459 頁。按：陳黻宸（1859～1917），字介石，門人私謚文介先生，浙江瑞安人。光緒二十九年進士，1913 年當選眾議院議員，兼任北京大學教授。著有《中國哲學史》不分卷、《中國通史》二十卷、《諸子通義》十卷、《飲水齋集》等。

今臨洮即狄道，晉世辛謐善草隸書，黃君蓋紹其墜緒者。近世書體，唯諸城最難撫（模）放，不得其意，未免有氈裘氣。黃君獨不然，洵可異也。心如學士與黃君初不相識，與之遇於西湖逆旅中，賞其辭翰，黃以爲溫雪之遺，故備錄所爲楹帖以詒之。心如亦視如蒼璧，珍重藏存，斯不負黃君之投贈，尤可徵心如獎善重交之懷。爰爲題記左方，以示欽悅。乙亥浴佛日黃侃。

楊心如對黃侃所篆聯語也有題款，其文曰：

臨洮黃文中先生文中久旅西湖，喜爲楹帖，凡經登臨處悉張之，獨此聯成而未懸，余與同寓匝月，爲溫雪之交。先生既還隴上，余重至武林，裴回是間，憶先生佳對狀景惟妙，爰祈吾鄉黃季剛先生爲篆而懸焉。乙亥秋日，穀城楊昭恕心如記。

按：浴佛日即農曆四月八日，相傳是日爲佛祖的生日。乙亥浴佛日爲 1935 年 5 月 10 日（即農曆四月八日）。楊昭恕與黃侃確有交往，且詳載於《黃侃日記》中，如 1935 年 5 月 2 日（農曆三月卅日）有「楊昭恕來」（第 1051 頁），5 月 3 日（農曆四月一日）有「楊昭恕共午食」（第 1052 頁），5 月 11 日有「楊心如來」（第 1054 頁），5 月 13 日有「楊昭恕來求作書，因罷作文，殊悶」（1054 頁），6 月 1 日有「楊昭恕自杭寄來黑油扇一柄」（第 1059 頁）。

最近，我們注意到一個奇怪的現象，有些人不知出於何種目的，總想美化黃侃，甚或神化黃侃，製造了很多美麗的神話。我們竭力解構此類神話，讓事實說話。有一說一，實話實說。這種方式可能讓有些人不舒適，甚至難受。他們也許會跳出來破口大罵——就像黃侃當年跳起腳來罵胡適那樣，也許只是在背地裏說些不三不四的風涼話。走自己的路，讓小人說去吧！

《黃侃年譜》補記

有的人使武漢大學出名，有的人則傍武漢大學出名。黃侃無疑屬於前者。筆者不才，既不能使武漢大學出名，更不想傍武漢大學出名。不料因爲編纂了一部《黃侃年譜》，居然也浪得一點浮名。但是，年譜之作，往往費力不討好，匡謬補遺，永無盡頭。

拙撰《黃侃年譜》問世後，我又發現了若干新線索，其中有十條材料比較重要，可以補充本譜之不足，茲一一抄錄如次。

1、唐作藩論黃侃

唐作藩、耿振生在《二十世紀的漢語音韻學》一文認爲，從本世紀初到1937 年是傳統音韻學向現代音韻學轉變的重要歷史時代，這一時期音韻學界的代表人物是章炳麟和他的弟子黃侃、錢玄同。章、黃被認爲是清代乾嘉以來小學的繼承者和集大成者，他們對古音研究都有重要貢獻。黃侃對《集韻》聲類、韻類的研究，也有開先河之功。〔註 1〕

2、何九盈論黃侃

何九盈在《二十世紀的漢語訓詁學》一文認爲：

> 直到二十年代，黃侃在高等學校開設訓詁學，才初步建構起訓詁學的大框架。他的《訓詁學講詞》是一個很扼要的提綱，內容簡略。後來公開發表的《訓詁述略》，是 1928 年在中央大學的講稿，這篇綱領性的文獻，現在還常被引用。

〔註 1〕《二十世紀的中國語言學》，北京大學出版社，1998 年版，第 1～52 頁。

黃侃是本世紀深入研究《爾雅》的第一人，由黃焯編訂的《文字聲韻訓詁筆記》中，黃侃就《爾雅》發表過許多重要見解，如「治《爾雅》之始基在正文字與明聲音」，「治《爾雅》之要在以聲音證明訓詁之由來而義例在所不急」，「《爾雅》名稱當貫以聲音求其條例」等。黃氏曾就郝懿行《爾雅義疏》進行批較，打算著《爾雅郝疏訂補》一書，評語有十餘萬言。根本原則就是以聲音貫串訓詁，即「因聲求義」。由黃焯編次的《爾雅音訓》就是「剌取其校語中之有關音訓者數百條」而成。

梁啓超說：「豪傑之士往往反抗時代潮流，終身挫折而不悔。若一味揣摩風氣，隨人毀譽，還有什麼學問的獨立？」章黃都是二十世紀的豪傑之士，訓詁學能獨立於現代學術之林，二氏功不可沒。在此價值取向、文化觀念進一步發生重大轉換的新時期，我們應總結章黃的學術成就，更應重視他們的學術品格，獨立精神，要記取那些對中國文化發展具有永恆意義的東西。當然，也要勇於突破他們的局限性，勇於迎接一切新的挑戰。〔註 2〕

3、黃侃爲陳伯弢《史通通釋》撰序

象山先生之學，深於禮與史，爲當今之魁儒，即徵事數典，必窮其朔。平生所見，自儀徵劉君外，與先生酬酢，未有能如盛均之終席者也。頃承以《史通通釋》見示，受讀竟日，歡喜弗勝。聞先生於近儒瑞安孫君之《周禮正義》、定海黃君之《禮書通故》皆有補正之作，侃方將求讀之，此一編猶未足慰其饑渴也。戊辰春三月下澣，門下士蘄春黃侃拜識。〔註 3〕

按：陳漢章，號伯弢，浙江象山人，故稱「象山先生」。早年出俞樾門下，與章太炎同門，於黃侃爲師叔，故黃謙稱「門下士」。此序誠如程千帆所云「語極推崇，決不掩人之善」。黃侃早年與陳漢章同在北京大學，言小學不相中，至欲以刀杖相決（見章太炎《黃季剛墓誌銘》。今按：此語不確）。後來他們同在中央大學任教，盡棄前嫌，時有文酒之樂。此係程千帆先生過錄。

4、黃侃書王安石詩贈黃焯

《北京大學著名學者手跡》有黃侃立軸（139cm 乘 34cm）一幅：

〔註 2〕《二十世紀的中國語言學》，北京大學出版社，1998 年版，第 56、64、88 頁。
〔註 3〕程千帆：《桑榆憶往》，上海古籍出版社，2000 年版，第 104 頁。

柴荊散策靜涼颸，隱几扁舟白下潮。紫磨月輪升靄靄，帝青雲幕卷寥寥。數家雞犬如相識，一塢山林特見招。安有（王安石原作「尚憶」——引者注）木瓜園最好，興殘中路且回橈。

素不工書，而焯強之，亦勉應之。

昭陽作噩外國新年

幸園後人黃侃季剛

史樹青跋云：

黃季剛侃自書詩軸。先生爲翔雲公諱雲鵠季子，家有幸園。此幅爲侄黃焯所書，故不稱名，自署幸園後人。昭陽作噩當癸酉，一九三三年也。二〇〇〇年十月史樹青題。〔註4〕

按：此詩乃黃侃所錄王安石的《回橈》詩，載《臨川集》卷十七。「紫荊」典出南朝梁吳均《續齊諧記‧紫荊樹》：田眞兄弟三人析產，堂前有紫荊樹一株，議破爲三，荊忽枯死。眞謂諸弟：「樹本同株，聞將分斫，所以憔悴，是人不如木也。」因悲不自勝，兄弟相感，不復分產，樹亦復榮。後因用「紫荊」爲有關兄弟之典故。唐杜甫《得舍弟消息》詩：「風吹紫荊樹，色與春庭暮。」黃焯之父爲黃侃堂兄，據說喜歡欺負少年黃侃，後來黃侃對黃焯〔註5〕也極爲嚴厲。此處用「紫荊」典故，可能與黃侃少年時代兄弟之間一些不愉快的回憶有關。「紫磨」本指上等黃金。漢孔融《聖人優劣論》：「金之憂者，名曰紫磨，猶人之有聖也。」北魏酈道元《水經注‧溫水》：「華俗謂上金爲紫磨金，夷俗謂上金爲陽邁金。」《法書要錄》卷四引唐張懷瓘《二王等書錄》：「往在翰林中，見古鐘二枚……上有古文三百許字，記夏禹功績，字皆紫磨金鈿，光采射人。」宋蔡絛《鐵圍山叢談》卷六：「其金，紫磨也，光豔溢目，異常金。」黃侃用「紫磨」形容「月輪」。「帝青」本指佛家所稱的青色寶珠。唐玄應《一切經音義》卷二三：「帝青，梵言『因陀羅尼羅目多』，是帝釋寶，亦作青色，以其最勝，故稱帝釋青……目多，此云珠，以此寶爲珠也。」亦指青天，碧空。宋王安石《古意》詩：「帝青九萬里，空洞無一物。」「木瓜」出《詩‧衛風‧木瓜》：「投我以木瓜，報之以瓊琚。」後因用以借指互相饋贈之物。

〔註4〕《北京大學著名學者手跡》，北京圖書館出版社，2003年版，第68頁。今按：原件曾經於2011年7月21日由浙江駿成拍賣有限公司舉辦的夏季藝術品拍賣會上被拍賣，未知花落誰家。

〔註5〕黃焯先生爲人忠厚，有口皆碑，陶陶陽陽，頗存古君子之風，絕不像黃侃那樣受到時賢的深度鄙視。

5、陸宗達立雪黃門

大約在 1926 年左右。祖父通過吳承仕（檢齋）先生認識了國學大師黃侃季剛。聽了黃侃幾次課後，祖父深爲他的學問及治學方法所傾倒，當即去他家拜師。某日，祖父午後三時去拜訪，黃侃猶高臥未起。祖父便在東廊下站立等候。誰想黃侃一覺睡到近六時，那時天色已昏，祖父仍未離去，黃侃大爲感動。從此師生關係更加親密。〔註 6〕

6、程俊英追憶黃侃

陳（中凡）是蔡元培的學生，他繼承蔡老師「兼容並包」的辦學方針，把北大哲學部、國文部的老師，多請到我級任教。新潮派如李大釗、胡適，國故派如劉師培、黃侃，都是我最欽佩的老師。他們給禁錮的女高師，帶來了一股清新的革命空氣。

胡適老師教我們「中國哲學史」，講義是用嶄新的白話文寫的。《新青年》中的《改良文學芻議》一文，提出「八不主義」，給我的影響尤大。我過去一直作文言文或駢文，認爲只有俗文學的明清小說才用白話寫，是不登大雅之堂的。經他在課堂上的分析、鼓吹，我從一九一八年起就不作堆砌詞藻、空疏無物的古文了。但對新詩還有保留的意見，如《嘗試集》中的「一對黃蝴蝶，雙雙飛上天；掉下那一個，孤單怪可憐」，總覺得它的味道不如舊詩詞之含蓄雋永，所以仍舊跟著黃侃老師學詩。

劉師培老師擔任《文心雕龍》課程，黃侃老師擔任中國文學史和詩歌課程，我從中瞭解中國的文學理論和文學發展的概況。劉老師學問淵博，對經學尤有研究，素爲陳中凡、黃侃老師所敬仰。

黃侃老師教學法很新穎，登上講臺，他讓我們先出一個題目，自己在黑板上先示範地作一首詩，接著讓我們在臺下也各作一首詩，然後他又在黑板上寫了古人同題的詩一二首，講解它的藝術特點。師生詩和古人詩互作比較，課堂上顯得特別活潑，一星期練習一次，他確實提高了我詩歌習作的水平。

〔註 6〕陸昕：《逝者如斯——懷念我的祖父陸宗達》，《文匯讀書週報》2005 年 9 月 9 日第 5 版。

> 我幼小時，在先母嚴厲督促下，每日必讀經。《詩經》四言，句短有韻，容易背誦，所以特別喜歡它。進北京女高師肄業後，由於黃侃老師的循循善誘，尤好詩歌及習作。他在中國文學史課上說：「《詩經》是中國最早的一部詩歌總集，它給後代的文學影響極大，學習文學史不可數典忘祖。」〔註7〕

按：程俊英稱一生最崇拜的老師是黃侃。

7、龍沐勳《蘄春黃氏切韻表跋》

> 《切韻表》一卷，蘄春黃侃季剛撰，予弱冠居武昌黃土坡時據原稿手錄。中間轉徙流離，造經兵燹，幸未失墜，忽忽四十三年矣！予五歲喪母，依先君贊卿轉徙於當陽、監利、鍾祥三縣，最後在隨州入小學。旋值辛亥革命，先君去職還鄉，教予讀姚氏《古文辭類纂》及《昭明文選》以至《論語》、《孟子》、《史記》、《杜詩》之屬，多能暗誦。弱冠始出遊武昌，從季剛先生習聲韻文字之學，即住先生家……〔註8〕

8、《錢玄自編著述目錄及提要》

> 弱冠肄業蘇州高中，受錢穆先生啓蒙，影響甚大，因有志於國學。入中央大學，從黃侃先生學經小學，尤重三禮之學，從胡小石先生學古文字學，均有進益。〔註9〕

9、符定一《聯綿字典》凡例十二注引黃侃語

黃侃曰：「清代文字聲音訓詁之學盛矣，其間豪傑之士，有六人焉，毛奇齡、王念孫、錢坫、孔廣森、嚴可均、臧鏞堂是也。」1940年符定一補志云：

> 民二十一年夏，黃侃避亂居平，時相過從。每見必曰：「君書凡例，事事允當，語語内行，湖南人治學，從未有精覈若此者。」一日定詣黃所，適吳承仕在坐，黃指凡例十六事，讀至上字轉而下字不轉，拍案叫絕，曰：「妙至無以復加。轉語條例，由斯創立。乾嘉儒者，未之有也。」旋讀十五事，鄭重語吳君曰：「評三雅及懷祖諸人，中其肯綮。湖南人箸書而能有此，詢爲異事。」吳君與定一聞

〔註7〕朱傑人、戴從喜編《程俊英教授紀念文集》，華東師範大學出版社，2004年，第282～288頁。
〔註8〕《文教資料》1999年第5期。
〔註9〕《文教資料》1998年第4期。

之，唯唯而已。定一按：凡例均經黃君審核，唯第五、第十三、第十四、第二十二四事，後來所增，黃君未之見也。其高足弟子陸宗達，見四事極以爲善，蓋能守其師法者焉。

符定一《聯綿字典・後敘》亦云：

方余書之將成也，適章炳麟、黃侃至北平。世之言小學者稱章黃，而《說文略說》視《小學答問》爲優矣。故余攜例挈稿，往示黃君，並語之曰：「君見正焉，余其隱哉！」君謂無頗類，余其勉旃。閱十餘日，黃君驅車造廬，入室後，正立向余打躬三，從容言曰：「今日論學，君爲我兄。即本師章氏，箸作未若君之鉅也。吾初以湘人箸書，不過爾耳。今君書體例精詳，六經皆注腳。鄦漢勳後，突出此作。魏、王、皮、葉，瞠若乎後矣。」翌日黃君偕余遊稷園，登壇語曰：「馮桂芬死，下江無人。吾兩人勿庸客氣。下江學術，溯江而上，往兩湖去矣。」定一聞而忸怩。

10、陸宗達口述沈尹默與黃侃交往始末

在北大時，桐城派占上風，林琴南、姚運甫都是桐城派。沈尹默是北大的秘書長，就請黃季剛先生講《文選》，來罵桐城派。黃罵林琴南「知交遍天下內外」不通，說：「天下外在哪？」又說「出意表之外」也不通，「意表」已是「外」，還要又「表」又「外」！……黃季剛先生罵桐城派，是「桐城謬種」，桐城派罵黃季剛先生是「選學妖孽」，兩邊都罵對方的文章不通。便宜了《新青年》的傅斯年，他取兩家的材料合起來罵文言文。黃季剛替沈尹默罵了桐城派，他又把沈尹默也罵了，沈送他一本《秋鳴集》，其中有一首詩，說「中巧才高建楚賢」，季剛先生說「中巧」與「才高」均見《文心雕龍》，二者是兩種風格，不能合而爲一，寫出這種句子是《文心雕龍》沒有讀通。沈尹默有一部明版的小杜詩，季剛先生給他圈點了。別人問：「爲何詩也圈點？」季剛先生說：「怕沈尹默斷不開。」這樣，沈尹默便不願再請黃季剛先生了。〔註 10〕

按：黃侃罵林琴南與桐城派，屢見於《黃侃日記》。沈尹默曾有數首詩贈黃侃，黃侃去世後又爲之題寫書簽。又按：1923 年 1 月 5 日錢玄同在《晨報

〔註 10〕《陸宗達先生百年誕辰紀念文集》，中國廣播電視出版社，2005 年版，第 16 頁。

副刊》發表《「出人意表之外」的事》一文，題目甚怪，可能意在譏諷林琴南之不通。

11、《黃侃日記》的「書法」

程千帆先生在《我與黃季剛先生》一文中談到《黃侃日記》的「書法」問題：

> 十餘年前，在校讀季剛先生日記（迻錄本）時，我偶然發現，季剛先生對門下從學之士或稱弟某某，或只謂學生若干人，不知是何緣故。後反覆思忖，方恍然有悟：凡稱弟某某，必定是正式行過拜師禮節的，而僅稱學生者，則沒有行過這種禮節，雖然他們也同在課堂上聽先生講授，在課下向先生請益，甚或時相侍從、叨陪末座。
>
> ……季剛先生之看重執贄拜師之禮，正從一個側面反映了他自己篤於師友的可貴品格，反映了他有意識地提倡尊師崇道精神、昌明祖國學術的良苦有心。〔註11〕

沒有哪一部年譜敢宣稱盡善盡美，這部《黃侃年譜》也不例外。何況這位祖師爺也並非盡善盡美之人。最近，師友們向我指出了一些應當修正之處，本想借這次重印的機會對全書進行全面增補修訂，但由於受到時間和版面的限制，現在除了將已發現的文字及標點符號之訛加以校正，只能在原版許可的範圍內對某些引文之誤做點挖補工作，將所補十條材料以補記的形式出現。原稿於每年前繫有時代背景資料，初版時被全部砍去，現在也無法補出。一俟時機成熟，我們再推出增訂本。

2005年10月黃侃逝世70週年紀念日記於武漢大學

〔註11〕《桑榆憶往》，上海古籍出版社，2000年版，第104～106頁。按：善哉此言！師之所存，道之所存。師不尊，則道不崇。曾幾何時，老師淪爲「臭老九」，於是斯文掃地，學術凋零。黃侃爲了昌明傳統學術而奮鬥了一生，我們爲他編撰年譜，就是爲他樹碑立傳，力圖將他的心路歷程展現出來。

《黃侃年譜》再補

1、顧頡剛的「絕筆」

黃侃，湖北蘄春縣人，五四運動前先生在北大教中文系，後到中央大學教中文系。1936 年病卒，點完《十三經注疏》《周禮正義》，讀完……

這是在整理顧頡剛先生遺物時發現的一篇未完成的回憶黃侃的文章。僅此一節，尚未命題。為紀念辛亥革命 70 週年，北京市政協向顧頡剛約稿。顧頡剛去世的那個晚上，他的女兒顧洪對他說：「市政協向你約稿，紀念辛亥革命 70 週年，你不是答應寫回憶黃侃的文章嗎？明天我幫你寫吧！」他馬上搖頭道：「不用，不用，我自己寫，明天你幫我買一點好的信紙和鋼筆水就行了。」誰知兩個小時後他就溘然長逝了。以後在清理他的遺物時發現了上面這段文字。顧頡剛在他最後的日子裏還掛念著他的工作和學問，他說：「我並不怕死，只是心裏還有十幾篇文章沒作完，若把它們都寫出來，我死而無憾。」還說：「希望死後我的圖書不要分散，如果能辦個紀念室，把我一生收集的圖書、資料、作的筆記放在那裡供人研究、利用，我就滿足了。」〔註 1〕

2、黃侃致江瀚書

信封署：「送舊刑部街小沙鍋琉璃胡同長汀江宅呈江老大人安啓。」末署黃槭。信曰：

江亭勝宴，共賞秋辰。歸路孤吟，倍憐斜日。用裁長句，聊寫

〔註 1〕曾智中、牛文愚：《絕響：一百個中國文人的臨終絕筆》，成都出版社，1994 年，第 68～69 頁。今按：此事最初見於《人物》雜誌顧洪的有關回憶文章。某次我在拜訪王煦華先生時曾經就此事求證過，他答曰不知道。

羈心。自愧庸音，敢承嘉命。商隱西溪之作，曾無足觀；仲宣灞上之篇，非無所感。倘蒙屬和，尤見榮施。弟子侃啓。叔海先生左右。

軒窗敞處好顧憑，西北高樓隔幾層。已見銅駝臥荊棘，更無金爵上觚棱。榮枯莫羨槐中蟻，饑飽難爲架上鷹。卻對秋風一長嘯，從來繫日乏長繩（義山句）。

蕭瑟原知秋風悲，登臨況值亂離時。虛舟巨壑長如此，落日青山最可思。高閣酒醒人去遠，故園花發雁歸遲。牛車試爲王尼駕，滄海橫流任所之。

今按：此爲黃侃佚作。所附第一首詩末句出自李商隱《水去》詩：「從來繫日乏長繩，水去雲回恨不勝。」第二首末句出自《晉書・王尼傳》：「尼早喪婦，止有一子。無居宅，惟畜露車，有牛一頭，每行，輒使子御之，暮則共宿車上。常歎曰：『滄海橫流，處處不安也。』」後因以「王尼歎」喻落泊者之怨尤。顧炎武《與江南諸子別》詩：「諸公莫效王尼歎，隨處容身足草廬。」

又按：此爲孫田女史提供照片，原由莊蘊寬先生後人轉發江瀚後人江式高先生，謹致謝忱！

3、喻血輪《綺情樓雜記》「黃季剛之狂放」條

季剛生性狂放，不事邊幅，民國八九年間，任北京大學講師，教《說文》，對中國字學講解精闢，但學生心得甚少，故每次考試，多不及格，學生苦之！後偵知季剛好作狹邪遊，年考時，特醵資於妓寮置酒以勞季剛，季剛欣然蒞止。是屆學生竟一律及格，然試卷謬誤仍多。校長蔡孑民探知其故，責讓季剛，季剛笑曰：「彼等尚知尊師重道，故我不欲苛求。」蔡聞語，太息而已！當時舊都中央公園水榭對面一角，蘆葦尚未盡除，有小橋通焉。一日，季剛竟挾一女子，於蘆葦間白晝宣淫，爲警察擒獲，通知北大，遂因是去職。〔註2〕

4、黃侃挽林紓詞

在回故鄉武昌之前，黃侃專門拜訪林紓，並執後生禮甚謹。後在林紓詩冊上題寫過這樣幾句話：「侃以己未秋，初見先生於京師酒樓。時先生方騰書

〔註2〕喻血輪：《綺情樓雜記》，中國長安出版社，2011年，第97頁。整理者眉睫按曰：「喻血輪之父喻次溪在江漢書院讀書時，曾爲黃侃之父黃雲鵠的學生。」

攻擊妄庸子之居國學而創邪說者，侃亦用是故，棄國學講席南還。先生見侃，所以獎掖慰薦之良厚。每心佛自北來，必寄聲垂詢，侃感焉。」〔註 3〕1924 年 19 月 9 日，林紓在北京的寓所溘然長逝，享年 73 歲。黃侃挽詞曰：

> 小說與文章關鍵相通，著書滿家，博雅直過洪野處；
>
> 匹夫以天下興亡爲責，謁陵九次，忠貞可肖顧亭林。〔註 4〕

5、朱祖延《聞見錄》之「黃季剛教人」條

> 傅斯年先生，初慕黃季剛名，請侍門牆。季剛雖許諾，惟日命以廝篓之役，不與言學也。斯年惑甚。他日問諸季剛，季剛但教以熟讀《通鑒》，亦無他言。斯年怒絕去，遂爲新文學鉅子。〔註 5〕

或曰：

> 這裡有一段軼事或許可以解釋爲什麼傅斯年最終決定加入這一團體。一天，傅斯年被導師黃侃叫去清理痰盂，傅斯年清理得不乾淨，於是黃侃打了他一耳光，傅斯年對此感到再也不能忍受，決定離開。這段軼事得自國立臺灣師範大學的教授陳新雄，他的導師林尹是黃侃的弟子。〔註 6〕

6、周作人談黃侃

周作人《知堂回想錄》載：

> **一二一、卯字號的名人（一）**
>
> 後來還有一回類似的事，在五四的前後，文學革命運動興起，校內外都發生了反應，校外的反對派代表是林琴南，他在《新申報》《公言報》上發表文章，肆行攻擊，頂有名的是《新申報》上的「蠡叟叢談」，本是假聊齋之流，沒有什麼價值，其中有一篇名叫「荊生」和「妖夢」的小說，是專門攻擊北大，想假借武力來加以摧毀的。北大法科有一個學生叫做張繆子，是徐樹錚所辦的立達中學出身，林琴南在那裡教書時的學生，平常替他做些情報，報告北大的事情，又給林琴南寄稿至《新申報》，這些事上文都曾經說及，當時蔡孑民

〔註 3〕朱羲胄：《貞文先生年譜》卷二，世界書局，1949 年，第 38 頁；朱羲胄：《貞文先生學行記》卷一，世界書局，1949 年，第 14 頁。

〔註 4〕朱羲胄：《貞文先生學行記》卷三，世界書局，1949 年，第 9 頁。

〔註 5〕朱祖延：《朱祖延集》，崇文書局，2011 年，第 595～596 頁。

〔註 6〕王汎森：《傅斯年：中國近代歷史與政治中的個體生命》，臺北聯經版，第 30～32 頁。

的回信雖嚴厲而仍溫和的加以警告，但是事情演變下去，似乎也不能那麼默爾而歇；所以隨後北大評議會終於議決開除他的學籍，雖然北大是向來不主張開除學生，特別是在畢業的直前，但這兩件事似乎都是例外。從來學校裏所開除的，都是有本領好鬧事的好學生，北大也是如此。張謬子是個劇評專家，在北大法科的時候便爲了辯護京戲，關於臉譜和所謂摔殼子的問題，在《新青年》上發生過好幾次筆戰。范君是歷史大家，又關於《文心雕龍》得到黃季剛的傳授，有特別的造詣。孫世暘是章太炎先生家的家庭教師還是秘書，也是黃季剛的高足弟子，大概是由他的關係而進去的。這樣看來，事情雖是在林琴南的信發表以前，這正是所謂新舊學派之爭的一種表現，黃季剛與朱希祖雖然同是章門，可是他排除異己，卻是毫不留情的。我與黃季剛同在北大多年，但是不曾見過面，和劉申叔也是這樣，雖然他在辦天義報河南的時候，我都寄過稿，隨後又同在北大，卻只有在教授會議的會場上遠遠的望見過一次顏色；若黃季剛連這也沒有，也不曾見過照相，這不能不說是一個缺恨了。

一二八、每周評論（上）

「同月，國故月刊社成立。」這樣，公言報所誇張的新舊學派對立的情形已經開始，剛到兩個月便興起了那武力干涉的陰謀，但是其實那異軍突起的卻並不是每月一回的月刊，乃是七年十一月二十七日成立，而於十二月二十一日創刊的每周評論。所謂新舊派的論爭實在也爭不出什麼來，新派純憑文章攻擊敵方的據點，不涉及個人。舊派的劉申叔則只顧做他的考據文章，別無主張。另一位黃季剛乃專門潑婦式的罵街，特別是在講堂上尤其大放厥詞，這位國學大師的做法實是不足爲訓。這手法傳給了及門弟子，所以當時說某人是「黄門侍郎」(即是說是黃季剛的得意門生)，誰也感到頭痛，覺得不敢請教的。「新潮」的主幹是傅斯年，羅家倫只是副手，才力也較差，傅在研究所也單認了一種黃侃的文章組的「文」，可以想見在一年之前還是黃派的中堅。但到七年十二月便完全轉變了。所以陳獨秀雖自己在編「新青年」，卻不自信有這樣的法力，在那時候曾經問過我：「他們可不是派來做細作的麼？」我雖然教過他們這一班，但實在不知底細，只好成人之美說些好話，說他們既然有意學好，想是可靠的吧。結果仲甫的懷疑到底是不錯的，他們並不是做細作，卻實在是投機；「五四」以後羅家倫在學生會辦事也頗出力，及至得學校的重視，資送出洋，便得到高飛的機會了。他們這種做法實在要比舊派來得高明，雖然其動機與舊派一流原是一樣的。

一五六、北大感舊錄（二）

三、黃季剛　要想講北大名人的故事，這似乎斷不可缺少黃季剛，因爲他不但是章太炎門下的大弟子，乃是我們的大師兄，他的國學是數一數二的；可是他的脾氣乖僻，和他的學問成正比例，說起有些事情來，著實令人不能恭維。而且上文我說與劉申叔只見到一面，已經很是希奇了，但與黃季剛卻一面都沒有見過；關於他的事情只是聽人傳說，所以我現在覺得單憑了聽來的話，不好就來說他的短長。這怎麼辦才好呢？如不是利用這些傳說，那麼我便沒有直接的材料可用了，所以只得來經過一番篩，擇取可以用得的來充數吧。

這話須還得說回去，大概是前清光緒末年的事情吧，約略估計年歲當是戊申（一九〇八）的左右，還在陳獨秀辦《新青年》，進北大的十年前；章太炎在東京《民報》裏來的一位客人，名叫陳仲甫，這人便是後來的獨秀，那時也是搞漢學，寫隸書的人。這時候適值錢玄同（其時名叫錢夏，字德潛）黃季剛在坐，聽見客來，只好躲入隔壁的房裏去，可是只隔著兩扇紙的拉門，所以什麼都聽得清楚的。主客談起清朝漢學的發達，列舉戴、段、王諸人，多出於安徽江蘇，後來不曉得怎麼一轉，陳仲甫忽而提出湖北，說那裡沒有出過什麼大學者，主人也敷衍著說，是呀，沒有出什麼人。這時黃季剛大聲答道：「湖北固然沒有學者，然而這不就是區區，安徽固然多有學者，然而這也未必就是足下。」主客聞之索然掃興，隨即別去。十年之後黃季剛在北大擁皐比了，可是陳仲甫也趕了來任文科學長，且辦《新青年》，搞起新文學運動來，風靡一世了。這兩者的旗幟分明，衝突是免不了的了。當時在北大的章門的同學做柏梁臺體的詩分詠校內的名人，關於他們的兩句，恰巧都還記得，陳仲甫的一句是「毀孔子廟罷其祀」，說的很得要領；黃季剛的一句則是「八部書外皆狗屁」，也是很能傳達他的精神的。所謂八部書者，是他所信奉的經典，即是《毛詩》、《左傳》、《周禮》、《說文解字》、《廣韻》、

《史記》、《漢書》和《文選》，不過還有一部《文心雕龍》，似乎也應該加了上去才對。他的攻擊異己者的方法完全利用謾罵，便是在講堂上的罵街，它的騷擾力很不少，但是只能夠煽動幾個聽他的講的人，講到實際的蠱惑力量，沒有及得後來專說閒話的「正人君子」的十一號了。

一五七、北大感舊錄（三）

四、林公鐸　林公鐸名損，也是北大的一位有名人物，其脾氣的怪僻也與黃季剛差不多，但是一般對人還是和平，比較容易接近得多。他的態度很是直率，有點近於不客氣，我也得有一件事，覺得實在有點可以佩服。有一年我到學校去上第一時的課，這是八點至九點，普通總是空著，不大有人願意這麼早去上課的，所以功課頂容易安排。在這時候常與林公鐸碰在一起。我們有些人不去像候車似的擠坐在教員休息室裏，卻到國文系主任的辦公室去坐，我遇見他就在那裡。這天因爲到得略早，距上課還有些時間，便坐了等著，這時一位名叫甘大文的畢業生走來找主任說話，可是主任還沒有到來，甘君等久了覺得無聊，便去同林先生搭訕說話，桌上適值擺著一本北大三十幾週年紀念手冊，就拿起來說道：「林先生看過這冊子麼？裏邊的文章怎麼樣？」林先生微微搖頭道：「不通，不通。」這本來已經夠了，可是甘君還不肯干休，翻開冊内自己的一篇文章，指著說道：「林先生，看我這篇怎樣？」林先生從容的笑道：「亦不通、亦不通。」當時的確是說「亦」字，不是說「也」的，這事還清楚的記得。甘君本來在中國大學讀書，因聽了胡博士的講演，轉到北大哲學系來，成爲胡適之的嫡系弟子，能作萬言的洋洋大文，曾在孫伏園的《晨報副刊》上登載《陶淵明與托爾斯泰》一文，接連登了兩三個月之久，讀者看了都又頭痛又佩服。甘君的應酬交際工夫十二分的綿密，許多教授都爲之惶恐退避，可是他一遇著了林公鐸，也就一敗塗地了。

說起甘君的交際工夫，似乎這裡也值得一說，他的做法第一是請客，第二是送禮，請客倒還容易對付，只要辭謝不去好了，但是送禮卻更麻煩了，他要是送到家裏來的，主人一定不收，自然也可以拒絕；可是客人丟下就跑，不等主人的回話，那就不好辦了。那時雇用汽車很是便宜，他在過節的前幾天，便雇一輛汽車，專供送禮之用，走到一家人家，急忙將貨物放在門房，隨即上車飛奔而去。有一回，竟因此而大爲人家的包車夫所窘，據說這是在沈兼士的家裏，值甘君去送節禮，兼做聽差的包車夫接收了；不料大大的觸怒主人，怪他接受了不被歡迎的人的東西，因此幾乎打破了他拉車的飯碗。所以他的交際工夫越好，越被許多人所厭惡，自教授以至工友，沒有人敢於請教他，教不到一點鐘的功課。也有人同情他的，如北大的單不庵，忠告他千萬不要再請客再送禮了；只要他安靜過一個時期，說是半年吧，那時人家就會自動的來請他；不但空口說，並且實際的幫助他，在自己的薪水提出一部分錢來津貼他的生活，邀他在圖書館裏給他做事。但是這有什麼用呢，一個人的脾氣是很不容易改變的。論甘君的學力，在大學裏教教國文，總是可以的；但他過於自信，其態度也頗不客氣，所以終於失敗。錢玄同在師範大學擔任國文系主任，曾經叫他到那裡教「大一國文」（即大學一年級的必修國文），他的選本第一篇是韓愈的《進學解》，第二篇以下至於第末篇都是他自己的大作，學期末了，學生便去要求主任把他撤換了。甘君的故事實在說來話長，只是這裡未免有點喧賓奪主，所以這裡只好姑且從略了。

林公鐸愛喝酒，平常遇見總是臉紅紅的，有一個時候不是因爲黃酒價貴，便是學校欠薪，他便喝那廉價的劣質的酒。黃季剛得知了大不以爲然，曾當面對林公鐸說道，「這是你自己在作死了！」這一次算是他對於友人的地道的忠告。後來聽說林公鐸在南京車站上暈倒，這實在是與他的喝酒有關的。他講學問寫文章因此都不免有愛使氣的地方。一天我在國文系辦公室遇見他，問在北大外還有兼課麼？答說在中國大學有兩小時。是什麼功課呢？說是唐詩。我又好奇的追問道，林先生講哪個人的詩呢？他的答覆很出意外，他說是講陶淵明。大家知道陶淵明與唐朝之間還整個的隔著一個南北朝，可是他就是那樣的講的。這個緣因是，北大有陶淵明詩這一種功課，是沈尹默擔任的，林公鐸大槩很不滿意，所以在別處也講這個，至於文不對題，也就不管了。他算是北大老教授中舊派之一人，在民國二十年頃，北大改組時，標榜革新，他和許之衡一起被學校所辭退了。北大舊例，教授試教一年，第二學年改送正式聘書，只簡單的說聘爲教授，並無年限及薪水數目，因爲這聘任是無限期的，假如不因特別事故有一方預先聲明解約，這便永久有效。十八年以後始改爲每年送聘書，在學校方面怕照從前的辦法，有不講理的人拏著無限期的聘書，要解約時硬不肯走，所以改了每年送新聘書的方法。其實這也不盡然，這原是在人不在辦法，和平的人就是拏著無限期聘書，也會不則一聲的走了，激烈的雖是期限已滿也還要爭執，不肯罷休的。許之衡便是前者的好例，林公鐸則屬於後者，他大寫其抗議的文章，在世界日報上發表的致胡博士（其時任文學院長兼國文系主任）的信中，有「遺我一矢」之語，但是胡適之並不回答，所以這事也就不久平息了。

7、沈其光談黃侃

沈其光《瓶粟齋詩話》（上海書店《民國詩話叢編》三編卷三：670～671頁）：

旭老著有《寄庵隨筆》，曾採及拙作。故調寄《采桑子》云：「一編曾誦龜堂句，極訴飄零，健故縱橫，信有文章老更成。想思已是三年舊，此夕班荊，執手堪驚，飯顆山前太瘦生。」余亦贈詩云：「驅使才華五十秋，眼看滄海獨憑樓。山中歸久春雲懶，林下行多野鶴遒。幸識魯山眞不恥，欲從彭澤與俱遊。稻粱歲熟非難飽，應笑饑鴻拙自謀。」旭老年已古稀，溫和醇粹，而風骨卓立。其《隨筆》載及績溪汪詩圃（淵）《麝塵蓮寸集》一書，中間有一段史實，以無底稿，詢之已不能道其詳，惟云汪辟疆、黃季剛（侃）盛譽此書。其序吳湖帆《聯珠集》牽連及之。湖帆搜覓，久之，僅得其一，欲再覓以餉余。越二年，始由潘景鄭徇湖帆之請割愛見貽，蓋潘亦吳人也。則《隨筆》之外，又添一重公案矣。詩圃爲皖中宿儒，工倚聲，有《瑤天笙鶴詞》、《詩圃吟稿》行世，而旭老不知也。余與詩圃在民國初屢有詩翰往還。旭老疑年不相及，余曰：「度其時，詩圃當在七旬外矣。」其所印詩詞稿，余皆有之，經亂散失。

8、劉禺生談黃侃

《世載堂雜憶·近代學者軼事》：

王壬秋最精儀禮之學，平生不談儀禮，人有以儀禮問者，王曰：

未嘗學問也。黃季剛曰：「王壬老善匿其所長，如拳棒教師，留下最後一手。」章太炎與人講音韻、訓詁，不甚軒昂，與人談政治，則眉飛色舞。陳散原與人談詩必曰：「吾七十歲後已戒詩矣。」求其寫字，雖午夜篝燈，必勤勤交卷。黃季剛曰：「是能用其所短。」

劉禺生《世載堂雜憶·嶺南兩大儒》：

亡友黃季剛君以聲韻之學爲當世所重，其爲學得力之處，實自東塾之《切韻考》始，嘗爲切韻考解釋上篇。書成後，以下篇屬吾門弟子李以祉補成之，季剛之篤好其學說者深矣。

劉禺生《世載堂雜憶·紀黃季剛趣事》：

黃季剛侃平生有三怕：一怕兵，二怕狗，三怕雷。其怕兵也，聞日人兵艦來下關，季剛倉皇失措，盡室出走，委其書稿雜物於學生某，某乃囊括其重物以去。季剛訴諸予，且曰寧失物，不敢見兵。在武昌居黃土坡，放哨兵遊弋街上，季剛懼不敢出，停教授課七日。其怕狗也，在武昌友人請宴，季剛乘車至，狗在門，逐季剛狂吠，急命回車還家，主人復牽狗來，尋季剛約繫狗於室外，始與主人往。其怕雷也，十年前四川何奎元，邀宴長洲寓廬，吾輩皆往。季剛與人爭論音韻，擊案怒辯，忽來巨雷，震屋欲動，季剛不知何往，尋之，則蜷踞桌下。咸曰：「何前之恥居人後，而今之甘居人下也？」季剛搖手曰：「迅雷風烈必變。」未幾又大雷電，季剛終蜷伏不動矣。

劉禺生《世載堂雜憶·巾箱留珍本柳下說書》：

民國十一年，中山先生歸上海，予亦歸武昌，與黃季剛同執教國立師範。季剛以與北京彭翼仲女離婚事，問計於先母臥榻上，候予歸。先母曰：「季剛，汝心中難過，可取予鞋櫃中小說閱之，消汝悶。」季剛展卷神往，久乃告辭曰：「請借我此書，緩日奉還。」予亦不以爲異。後季剛屢惠我佳本書，而問及柳下說書，則枝梧應答，始恍然季剛不欲歸還此書也。後予居寧，見老友胡光煒曰：「汝之柳下說書，黃季剛藏之床下鐵箱中，此天下第一孤本奇書，非破箱不得見。」予曰：「何以知之？」胡曰：「汪辟疆費大力，得見數本；雖汪旭初與彼至好，亦無由見，此辟疆告予也。」季剛沒，久經抗戰，在渝問季剛次子念田，亦云未見，且曰：「劉申叔全稿，亦多散失。」今歲與辟疆談及，辟疆曰：「此書在寧，只予一人見過，予窮一日之力，費數十金幣，捐肴菜菓餅多種，季剛醉樂，啓床下鐵箱，出一本，閱盡，再出一本，閱數本後，鐵箱上鎖矣。予當年有日記一篇，汝閱之，可知其事。」汪辟疆二十三年三月二十五日第五十七頁日記云：「午後季剛約晚飯，飯後打牌四巡，負番幣三十枚，季剛大勝。客去縱談，出床下鐵篋，皆申叔稿，以竹紙訂小本，如《呂覽鴻烈斠注補》，《古曆》一卷，再出柳下說書數冊，爲清初柳麻子所據以登場者，云是武昌劉禺生所度，此確爲藝林珍秘之冊。略爲展閱，皆各自爲篇，凡史實說部人物，並廁其中，詞極雅馴，其驚心動魄語，亦諧亦莊。余因憶及冒巢民詩云：『遊俠髯麻柳敬亭，詼諧笑罵不曾停，重逢快說隋家事，又費河亭一日聽。』每喜誦之，以爲眞能畫出柳麻子也，今見此書，又爲季剛誦之。季剛曰：『此劉麻子，非柳麻子也。』余謂：『不必問劉、柳，要之此書與麻哥，大有因緣。』季剛大笑曰：『此書已入黃閣，裹以黃麻矣。』十時返，即題柳下說書四絕句云：『劫火難消一赫蹄，異書入手意淒迷，河亭燈火笙歌夜，此是先朝照水犀。』『剪裁不出婁東老，便是虞山病闍梨，成就髯麻千載事，斜陽古柳石城西。』『白衣殘客哭江潭，畫像提攜在枕函(見錢謙益初學集)，解道報恩酬府主，一生知己左寧南。』『拂幾吹唇字字安，卻從悲壯見辛酸，此中具有興亡淚，莫作尋常院本看。』」所述柳下說書，書凡百篇，共八冊，其篇目能記憶者，曰杜、孟、米三老爭襄陽，曰元、白二人爭湖，曰宋江氣出梁山泊，曰程咬金第四斧頭最惡，曰隋煬帝來往揚州；其與今古奇觀相類者，曰蔣興哥重會珍珠衫；其與天雨花相類者，曰金銀瓶兩小姐鬥法寶；其他奇怪篇目，曰黃巢殺人八百萬，曰趙家留下一塊肉，沉痛悲壯，遠及二帝北狩，後終庚申君亡國破家之狀，閱之泣下，影射崇禎亡國，弘光走死，朱明子孫，無噍類也。其不能記憶者，篇目甚多。是書刊於康熙十年前後，爲大巾箱本，如兩般秋雨盦格式，文章典雅，掌故縱橫，屬事遣詞，有突出唐宋人說部處。篇中字句，多方密之、冒辟疆、錢牧齋、吳梅村、吳次尾集中常用之口吻。如重會珍珠衫篇，有「只恐與哥沒見期」語，似牧叟《河亭雜詠》口吻。如黃巢支解皇叔，人賜一臠篇，有「叔父如王有幾人」語，似駿公《雒陽行》口吻。因知此書必經當代文人過目，潤色塗改而成，藏書家皆歎爲奇書孤本，其孤奇可信也。季剛藏書，今全出售，願見此本者，善寶斯冊，公諸當世。

劉禺生《世載堂雜憶·楊杏城之毒藥水》：

袁世凱謀帝制，一切皆由楊杏城主持，故大典籌備處均聽杏城指揮。同時熊希齡、段祺瑞、梁士詒皆不贊成，乃改設政事堂；熊去內閣，段去陸軍總長，梁去秘書長，陸軍次長徐樹錚（段派）、財政次長兼鹽務署長張弧（熊派）、交通次長葉恭綽（梁系），同日免職。楊老五主張，宜先加以重大威嚇，梁燕孫更不應隨熊、段反對，必葉恭綽慫恿爲之，故對梁、葉更進一步，由袁親手交下五路舞弊大參案，命肅政史夏壽康將原文火速提出彈劾。同時袁見燕孫，又謂我已將汝名摘下。燕孫懼禍，乃贊成帝制。梁曰：「我梁某性命，不怕袁項城，倒怕楊杏城，懼其下毒藥辣手也。」當時有署聯燕孫門者：「紅杏枝頭春意鬧，烏衣巷口夕陽斜」云。後此種毒藥水，乃入趙秉鈞之口。智庵爲直隸都督，反對帝制最力。黃季剛侃爲趙秘書長，極相得；季剛告予曰：「每晚必與智庵靠鴉片盤談公事，談倦，智庵飲人參水一杯方眠。一日喟然曰：『項城帝制，是自殺也，我亦有殺身之禍。』我愕然不知所云。過十餘日，予與靠鴉片盤，倦歸。不十分鐘，急促予往，智庵已染急症，目瞪口閉，不能言語。問其家人；曰：『飲人參水後，即發病，而打眾侍僮，已不知去向。』事後，始知以十萬金賄煙童，滴毒藥水於人參水中，即死。咸知楊杏城所爲，無敢言者。」

袁死，杏城退居滬上，置宅於亞爾培路、巨籟達路角，所謂楊五爺公館。納小菠菜、小白菜爲妾，皆殊色也。一日，楊曬箱籠衣物古玩，毒藥水瓶在箱內。楊鄭重囑家人云：「此種藥水最毒，一點入口即死。」移放高櫃上，令家人不得近，乃出外拜客。歸家，排闥而入，其子（或曰毓珣）正與小菠菜、小白菜同榻。杏城氣極而暈，僵坐沙法，口中言都要處死。小白菜乃取毒藥水滴入茶中，令家人送杏城飲之，片刻而死；此爲轟動上海毒死楊氏家主之大案，亦可謂自食其報矣。予洪憲紀事詩：「五道飛車檔案紛，蘭臺密授札彈文，智囊左右尚書令，紅杏枝頭鬧上勳。」此杏城在袁政府聲氣赫赫時也。

劉禺生《世載堂雜憶・徐固卿精曆算》：

亡友黃季剛告予曰：「學者皆好匿其所長，而用其所短。徐固卿紹楨，由道員轉武職，歷任第九鎮統制、江北提督，辛亥革命後，任南京衛戍總督、廣州大總統府參軍長、廣東主席。不知者以武人視之，知者敬其藏書豐富，學問淹通，已刻著作百數十種，更不知其曆算天算冠絕有清一代。予師事劉申叔師培，劉先生曰：『予一日與徐固老談及《春秋長曆》，予家五世治《春秋》左氏之學，自高曾伯山、孟瞻諸先生以來，子孫繼承，傳治《春秋》。予篤守家學，萃數代已成之書，蔚裝成軼，精細正確，首尾完備，但《春秋長曆》一卷，中多疑難，未成定本；聞先生曆算精深，請校閱疑誤，則小子無遺恨，先人當羅拜矣。』固卿先生曰：『汝誠敬欲予校正者，明日當具衣冠，捧書來，視其全書，予能修改，汝再具衣冠行跪拜禮，乃秉筆爲之。』翌日，具衣冠捧書往，予旁坐，徐先生正坐，盡數時之力，前後詳閱之，曰：錯誤甚多，不僅簽條疑難也，當盡半月之力，爲君改正。予乃跪地行禮，頂書謹呈，徐先生受而動筆。十日後，予往謁先生，先生曰：全書改正完善，其中錯誤，凡百數條，予運用步算，盡掇其微，可攜書歸，鈔正送來再閱。歸後展卷恭覽，予家數代所不能解決之疑問，先生不獨改正錯誤，且爲之發明微恉。徐先生算學，眞莫測高深矣。語竟告予（季剛）曰：『汝願從我深研經義訓詁之學，予亦仿徐先生例，子行拜跪謁師禮，而後教之，不必另具衣冠也。』予（季剛）整服履，請劉先生上立，行四拜三跪禮。禮成，劉先生曰：『予有以教子矣。』」此段故事，十年前季剛在南京爲予鄭重言之。

《世載堂雜憶・紀黃季剛趣事》：

季剛爲黃雲鵠先生幼子，雲鵠吾鄂宿儒，湛深經學，季剛齠年受學之始，即授以許氏《說文解字》部首，故於聲音、訓詁之學早具根柢。十六歲後，由文普通學堂派往日本留學；時餘杭章太炎先生因提倡革命，避地東京，群請講學，季剛亦同居民報社，往問業焉。開講之日，首授以大徐本《說文解字》，而以「求本字」、「尋語根」爲研求二大原則，輔以所爲《成均圖》。所謂「類轉」、「旁轉」、「隔轉」諸法，即世所傳古韻三十二部者也。季剛朝夕研討，然於章氏之說仍多膠滯，固未敢非也。未幾，發其舊篋，得番禺陳蘭圃

《切韻考》，由是轉治陳氏之書。因陳氏清濁音之說，上溯桂、段、錢、王之論，參互研究，古音大明，乃創爲古韻二十八部，因持其說，以問太炎。師弟之間，往復辯詰，幾達旬日，章先生卒是其說，於是喜曰：「歷來治小學者，未若汝之精深也。」嘗見太炎先生所著各書，廣徵群說，而殿以吾弟子黃侃所云如何，以爲定論，其推服可以見矣。季剛治學，最爲精審，所讀《說文解字》一書，爲商務印書館影印藤花榭版，密字批點，朱墨燦然，每頁均經褾背，其勤苦可以見矣。逝世未逾五十，而積稿甚多，亂後蕩然。卓然一代大家而未見成書，無由表見於世，豈不惜哉！予自武昌來，往祭。其子女曰：「先父臨危，屢問老伯歸未？」並云：「雖食武昌魚，殊無以饜口腹也。」聞之泫然。

9、姚鵷雛評近來詩派

華亭姚鵷雛嘗曰，近來詩派，大別爲三宗。王湘綺崛起湘潭，與鄧彌之相唱和，力追魏晉，上窺風騷，無唐以下語，是一大宗。而彌之《白香亭詩》，高秀實出湘綺之上。湘綺自謂至鮑、謝已無階可登，而彌之和陶，深嚌神味，集中如《湖湘大水送弟嶧》、《鴻雁篇》、《休洗紅》諸作，沖澹微遠，非王竹匠幾，余論詩絕句所謂「解識太羹玄酒味，陶琴自古已無弦」者也。章太炎詩不多作，每出一篇，韻古格高，欲軼湘綺。其弟子黃侃，五言頗窺庾、鮑，皆屬此宗。張文襄公嘗謂洞庭南北有兩詩人，壬秋五言，樊山近體，皆名世之作。樊山早歲爲袁子才、趙甌北，自識文襄，乃悉棄去，從李蒓客遊，頗究心於中晚唐。吐語新穎，則其獨擅。龍陽易實甫固能爲元、白、溫、李者，於是中晚唐詩流傳頗盛。大抵二人少作雋妙，過於近詩。樊山名句，如「秋韆幾架酴醾雪，款段一鞭楊柳風」，「井桃澹白清明雨，水柳輕黃上巳天」，「窗臨鴨綠三篙水，門掩來禽一樹花」，似此類者實多。實甫則如「星光忽墮岸千尺，水氣平添波一層」等句，皆少年之作，後不可睹矣。此宗效者頗多，而佳者尠，易入而難精造也。若同光體詩人，海藏、石遺、聽水之倫，與義寧公子散原精舍詩，出入南北宋，標舉山谷、荊公、後山、宛陵、簡齋以爲宗尚，枯澀深微，包舉萬象，而學之有得者殊鮮。前有林晚翠，後有李拔可，差爲此宗張目耳。（徐珂《清稗類鈔》文學類）

10、馬敘倫談黃侃

三十一年四月廿二日，章太炎夫人與夏瞿禪來訪。章夫人貽余《章氏叢書》三編，然皆太炎雜文，其中實多不必存者，蓋酬應及有潤筆之作，不免多所遷就，如太炎之文學，無此已堪百世也。及門以廣搜爲貴，故片紙隻字，將在所必錄矣。談次，頗及炎丈往事，夫人因及炎丈被幽北京錢糧胡同時，袁世凱使其在上海之譎刺機關，多方謀致夫人於北京，自有所用意也。夫人斷然不往，因以此爲章氏尊卑所不諒，炎丈亦有不滿之詞。後雖得白其情於炎丈，而時則北京某報居然以炎丈夫婦仳離之事載矣。余乃以一事質夫人：「當余十八年任教部抵都，時黃季剛教授中央大學，余於一日傍晚抵其寓，蓋以與之不見數年，得一談爲快也。因詢及炎丈，而季剛語余曰：『章先生甚恨你。』余愕然。余思雖與炎丈近時蹤跡多疏，若言往昔，炎丈與余固信義相孚者也，何事乃甚恨余？復問季剛，亦止唯唯而已。未知夫人亦曾聞及炎丈有所以恨餘者乎？」夫人慨然曰：「北京某報之誣余，即出季剛。季剛好造生是非，其言實不可聽，此人爲文人無行之甚者。」因歷舉其事。有爲余所知，有爲余所未知者。季剛爲人在其同門中，如朱逖先、馬幼漁、沈兼士輩固習知之，會集閒談，輒資以爲助。憶其將離北京大學時，其同門者皆厭與往來，唯錢玄同猶時過之。一日，余往談甚久，季剛若傾肺腑，且約越日午飯於其家，期早至爲快。乃及期而往，則季剛高臥，久候而後出。時至午矣，余腹枵矣，然絕無會食之象。逮午後一時余，余饑不可忍，乃陳宿約。季剛瞠然曰：「有是乎？余忘之矣！」草草設食而罷。余始信其同門之言。及其後爲同門者所擠，而胡適之因利用以去季剛。季剛不善積，得束脩即盡，至是無以爲行，復依余爲周旋於蔣夢麟，乃得離北京也。不意又造作炎丈恨我之言，殊未悉其意之所在。(《石屋餘瀋・章太炎》)

黃侃《思舊辭》考略

1912年年底，黃侃從上海回到湖北。1913年正月，他又從漢口出發，途經南京，最後到達上海，期間最重要的是與宋教仁同行。黃侃寫了一組詩紀行：

《漢口旅社》：誰從劫後問寒灰，南國依然大鎮開。撲地閭閻非昔日，隔江雲霧隱層臺。空將八翼憐陶侃，漫遣千金致郭隗。自笑狂歌殊一鳳，迷陽仍向此中來。

《黃鶴樓》：遼鶴歸來憶舊遊，玆樓無恙枕江頭。殘陽黯黯催悲角，流水溶溶送去舟。金策賜秦天早碎，瓊糜辭楚夏爲丘。坐談西伯今誰是，四望蒼茫起百憂。

《江上別李七》：溝水分流勞燕飛，重逢人事已全非。舊家喬木名猶在，故國青山夢境違。落魄未應傷葛帔，遠遊還爲製荷衣。與君好結風波侶，滄海橫流任所歸。

《江行贈宋教仁遯初》：春風動波濤，復此仙舟會。高眄空冀州，逸氣陵江介。伊昔時未康，與子俱顛沛。海隅一相聚，綢繆歷年歲。朅來鄂渚遊，圍城瞻壯概。兵禍既潛銷，君名益光大。中國猶分崩，荃宰責誰貸？聞有非常志，庶抍斯民害。嗟余遘幽憂，消搖從所屆。雖慚日月光，肯爲尸祝代。緬恒莊惠交，忘言亮爲貴。〔註1〕

《雨夜書懷》：春夜寒兼雨，空齋有所思。全家辭舊國，多難畏危機。江漢流仍急，蓬萊望轉迷。崎嶇小園賦，怊悵下泉詩。

〔註1〕《黃季剛詩文鈔》，第85～86頁。

這組詩載《獨立週報》1913 年 2 卷 13 期〔註 2〕，編者特加按語：「此今歲春季剛與漁父同舟至滬時之作也。烏乎！斯故漁父最後之江行矣。」1913 年 3 月 22 日，宋教仁被暗殺於上海車站，不治身亡。宋教仁在其遺囑中歎道：「我爲調和南北事，費盡心力，造謠者及一班人民，不知原委，每多誤解，我受痛苦，也是應當，死亦何悔。」〔註 3〕宋教仁之死是 20 世紀最大的公案之一，究竟宋氏爲何人所殺，至今尚存爭議，或認爲係孫中山派人下手。

黃侃當時特撰《思舊辭》〔註 4〕：

> 予以丁未始識鈍初。鈍初沉厚有大志，予則疏頑以不材自處，兩人交莫逆也。其後予顚蹇益甚，獨鈍初猶時顧予。革命既成，鈍初（敢）〔效〕力當途，無緣與常接近。今年春，予自鄂來滬，與鈍初同舟，談諧累日。予贈以詩，以莊惠前事爲喻，且勸以深根寧極，救以橫流，鈍初亦以爲知言也。違別幾時，遽罹凶禍。生平已矣，懷舊何期？泫然不知涕之無從也。古人有言：「遊於其籬，而無感其名。入則鳴，不入則止。」以鈍初之明智，豈不知此？卒以不忍國民塗炭，九服崩離之故，遺棄一身，以爲之軒冕月楣，曾無容心於其間，將所謂弘毅之士者非也。有志不遂，伏恨黃壚，烏乎哀哉！

按：《思舊辭》與《癸丑二月江行贈宋遯初》結合起來，可以矯正許多謬說。

宋教仁此行是爲競選造勢，而黃侃的目的至今沒有完全弄清楚，除了回鄉接家眷之外，是否也負有某種政治使命？

趙汸《東山存稿》卷四《櫟軒記》：

> 悲夫！不材者亦有時而不得免也，將自處於材不材之間。然材不材之間似是而非，猶未免乎累也，則夫可以害生者豈惟材哉？邦君之於國也，聖哲之於名也，皆累也。彼且欲魯侯灑心去欲，而遊於無人之野，使仲尼辭交遊，去弟子，而逃於大澤，其憂患乎一世者豈有涯哉？嗟夫！亂世多害，智愚賢不肖俱困，而莫知除其憂，此夫人所深悲，而非爲一己之私也。子之以不材自處，豈其意耶？曰然，則莊氏昔所謂者非耶？

趙氏此記似可與黃侃《思舊辭》合觀。

〔註 2〕除了《江行贈宋教仁遯初》外，其他幾首皆爲佚詩，係筆者發掘出來。

〔註 3〕《中華民國史事紀要（初稿）》，1913 年正月至 3 月冊，南京：江蘇省社會科學院圖書館影印，第 251 頁。

〔註 4〕徐血兒等編：《宋教仁血案》，第 178～179 頁。

《易經》「未濟亨小狐汔濟」的句讀

《易經・未濟・彖辭》的斷句爲：「未濟亨，小狐汔濟，濡其尾，無攸利。」

歷代研究〈易經〉的人一般都沿用了彖辭的斷句，常見的幾種有影響的解釋如下：

（注）：「小狐不能涉大川，須汔然後乃能濟。」《周易集解》：「干寶曰：『坎爲狐』。《說文》曰：『汔，涸也。』小狐力弱，汔乃可濟；水既未涸，而乃濟之，故尾濡而無所利也。」《伊川易傳》：「未濟之時，有亨之理，而卦才有致亨之道，唯在愼處。狐能度水，濡尾則不能濟，其老者多疑畏，故履冰而聽，懼其陷也；小者則未能畏懼，故勇於濟。汔當爲仡，壯勇之狀，書曰，『仡仡勇夫。』小狐果子濟，則濡其尾，而不能濟也。未濟之時，求濟之道，當至愼則能亨，若如小狐之果，則不能濟也，既不能濟，無所利矣。」

如果採取隨文釋義的訓詁方法，孤立地看問題，以上種種解釋均能自圓其說。但是綜觀六十四卦卦辭。發現以上解釋均不符合〈易經〉句法。《易經》另有三卦卦辭亦有「亨小」，而「小」字均不能與「亨」分開釋義：

（1）《賁》：「亨小，利有攸往。」

（2）《遯》：「亨小，利貞。」

（3）《既濟》：「亨小，利貞。」

《易經》有兩卦卦辭爲「小亨」：

（1）《旅》：「小亨，旅貞吉。」

（2）《巽》：「小亨，利有攸往。」

朱熹《原本周易本義》在注釋《既濟》卦辭時說：「亨小，當爲小亨。大抵此卦及六爻占辭皆有警戒之意。」朱子此說實有發凡起例這功，可惜未能引起足夠重視。「亨小」與「小亨」語義相同（與「元亨」、「光亨」相對），只是語序不同。因而容易造成理解上的歧異。只有朱熹涵詠《周易》本文，探明句法，此功誠不可沒，特撰小文爲之中說。另外，干寶所說「坎爲狐」，並不是說「坎爲小狐」，亦足以杜王（弼）李（鼎祚）程（伊川）諸公之口。

（原載《古漢語研究》1996 年第 2 期）

《古書疑義舉例》係襲《經解入門》而成嗎？

最近，漆永祥先生在《中國語文》1999 年第 1 期上發表了《俞樾〈古書疑義舉例〉係襲江藩〈經解入門〉而成》一文。漆文將《經解入門》卷一《古書疑例第七》與《古書疑義舉例》中之通例從稱名、著錄之條例次序、條例細目之內容、名稱以及條例數目作了比較，認爲「俞樾之條例與江氏之說有著驚人的相似，甚至可以說是完全雷同」，進而斷定「《古書疑義舉例》是襲江藩之條例而成」，並譴責俞樾：「但對於在當時極負聲望的學界泰斗俞樾而言，在書中不提江藩隻字，此恐俞氏難逃其責，實堪惜之！」漆文如此義正辭嚴，對那些文抄公無疑是當頭棒喝。可惜漆文只有一條孤證：「江藩逝於道光十一年（1831），翌年阮元爲此書作序刊刻流佈。」並據此推斷：「當時的俞樾僅爲 10 歲之學童，勢不能獨造一書，然則《古書疑義舉例》之大綱細目全襲江書而成定無可疑。」眞的是「定無可疑」嗎？其實，細究起來疑竇不少。

首先，《經解入門》〔註 1〕的版本來歷不明。漆先生認爲阮元在 1832 年即已刊刻，不知漆先生是否見過這個版本？且阮序也隻字未提刊刻之事。我們遍考清代官、私目錄，均不見有此書著錄。直到民國時期孫殿起《販書偶記》才有著錄：「光緒戊子鴻寶齋石印袖珍本。」〔註 2〕稍後《續修四庫全書總目提要》也著錄了這個本子，並認爲這是《經解入門》最早版本，其時爲 1888

〔註 1〕舊題江藩《經解入門》，天津市古籍書店 1990 年版。
〔註 2〕孫殿起：《販書偶記》，上海古籍出版社 1982 年新 1 版。

年。〔註3〕而俞樾《古書疑義舉例》〔註4〕早在1871年就收入了《春在堂全書》，1888年再次收入《皇清經解續編》，並被張之洞《書目答問》（1876年初刻本）著錄。〔註5〕

其次，《經解入門》的阮序不足爲憑。倫明先生指出：阮元序「作於道光十二年壬辰，銜題協辦大學士兩廣總督。按元於道光十二年九月以雲貴總督，授協辦大學士，此題兩廣總督，誤也。而《揅經室文集》中，亦無此序。又據近人所撰《江子屏年譜》，藩實卒於道光十一年辛卯，年七十一。而序作於其後一年，若不知其已死者。就序斷之，書爲贋作，殆無疑也。」〔註6〕此外，我們反覆比較《經解入門》序與《國朝漢學師承記》阮元序，發現前者係模仿、抄襲後者而成。因限於篇幅，茲不贅述。

第三，《經解入門》多記江氏身後人、事。如卷三《國朝治經諸儒》條列「阮元謚文達」，考阮元卒於1849年，比江藩晚死18年，江藩何以預知阮元謚號？同卷又云：「遵義鄭珍字子尹是也。」鄭珍係1837年才中舉，其最早所作的《說文新附考》初稿草成於1833年，1852年才第一次出版著作《巢經巢詩鈔》及《經說》，此前名聲不逾鄉里，江氏又何從得知其人？顧頡剛先生也指出：「予少時翻覽，深疑《入門》題江藩著，而文中提及陳澧《東塾讀書記》，兩人時代不相及，何以提到？」〔註7〕諸如此類，《經解入門》中還有不少。

第四，《經解入門》多與江氏歿後著述雷同。除了與《古書疑義舉例》雷同外，與《書目答問》雷同處更多，如卷三《國朝治經諸儒》條與《書目答問》附列《經學家》雷同，《小學家》亦然。又如《經與史相表裏》條：「如《逸周書》、《國語》、《國策》、《山海經》、《竹書紀年》、《穆天子傳》、《晏子春秋》、《越絕書》、《吳越春秋》、《列女傳》、《新序》、《說苑》、《東觀漢記》之屬，皆可歸入史部。」按：《山海經》、《穆天子傳》、《新序》、《說苑》在《四庫總目》中皆列入子部，《書目答問》方移入史部。再如《有校勘之學》條所列清代校勘名家與《書目答問》附列《校勘之學家》亦如出一轍。

〔註3〕《續修四庫全書總目提要》，中華書局1993年版，第1423頁。

〔註4〕俞樾：《古書疑義舉例》，《古書疑義舉例五種》，中華書局1956年版。

〔註5〕范希曾：《書目答問補正》，上海古籍出版社1983年版。

〔註6〕《續修四庫全書總目提要》，中華書局1993年版，第1423頁。

〔註7〕顧頡剛：《記崔適先生》，《顧頡剛學術文化隨筆》，中國青年出版社1998年版，第321頁。

第五，《經解入門》與《國朝漢學師承記》〔註8〕多相矛盾。《經解入門》所列《國朝治經諸儒》與《國朝漢學師承記》所列數量上過於懸殊。後者去取甚嚴，而前者幾乎囊括有清一代經學名家。《師承記》中有18人不見於《入門》，而《入門》說：「而《師承記》所已見，亦備錄焉。」《師承記》將顧炎武列為最後一人，「以不純宗漢儒也」，《經解入門》則列顧氏為第一人。

第六，《古書疑義舉例》與《經解入門》條例不盡相同。經我們仔細核對，《入門》有而《舉例》無的條例有：「復有以反言而見意，不可以偏見拘也」，「有因誤衍而誤讀者」，「有因注文而誤者」，「有兩字平列而誤易者」，「有兩句相同而誤倒者」，「有因誤字而誤改者」，「有因誤補而誤刪者」，「有因誤刪而誤增者」共 8 條；《舉例》有而《入門》無者為：「以注誤改正文例」，「以旁記字入正文例」，「字句錯亂例」，「簡策錯亂例」，「文隨義變而加偏旁例」，「字因上下相涉而加偏旁例」，「誤讀夫字例」，「誤增不字例」，「句尾用故字例」，「句首用焉字例」共10條。

漆文認為，《經解入門》成書後「從未引起學術界的注意」，「蒙塵插架，無人問津，黯然寂聞」。其實不然，該書出版後「備各省舉子攜入貢院之用」，〔註9〕幾乎人手一冊，「在清末風行最廣也」。〔註10〕另外，還傳到了日本。〔註11〕當時許多學界名流都注意到了這部書，其中許多人也認為《經解入門》是一部偽書。但關於這部書的作者，就筆者所見，有三種說法：即崔適、〔註12〕章太炎、〔註13〕繆荃孫。〔註14〕看來，《經解入門》的真正作者究係何人，還有待進一步研究。但有一點是可以肯定的，那就是《經解入門》的成書時代必在《古書疑義舉例》之後，因此決非俞樾襲用了江藩之說，而只能是《經解入門》抄襲了《古書疑義舉例》。

（原載《中國語文》1999年第5期）

〔註 8〕江藩：《國朝漢學師承記》，中華書局1983年版。

〔註 9〕顧頡剛：《記崔適先生》，《顧頡剛學術文化隨筆》，中國青年出版社1998年版，第321頁。

〔註10〕《續修四庫全書總目提要》，中華書局1993年版，第1423頁。

〔註11〕顧頡剛：《記崔適先生》，《顧頡剛學術文化隨筆》，中國青年出版社1998年版，第322頁。

〔註12〕顧頡剛：《記崔適先生》，《顧頡剛學術文化隨筆》，中國青年出版社1998年版，第322頁。

〔註13〕《續修四庫全書總目提要》，中華書局1993年版，第1423頁。

〔註14〕周予同：《中國經學史講義》，上海文藝出版社1999年版，第5頁。

中華書局本《史記》標點獻疑四則

《史記》中華書局標點本由顧頡剛等老一輩專家分段標點，是目前最通行的本子。但這個本子未能做到盡善盡美。古人說得好，校書如掃落葉。十年間數次通讀《史記》，以漢以前古籍對讀，發現了若干問題，茲錄數條。愚者千慮，或有一得。尚祈大雅教正。

（1）自榆中並河以東，屬之陰山，以爲三四十四縣，城河上爲塞。又使蒙恬渡河取高闕、（陶）〔陽〕山、北假中，築亭障以逐戎人。（《秦始皇本紀》，P253，1982 年 11 月第 2 版，1987 年北京第 10 次印刷，下同）

王念孫《讀書雜志》云：「陶當爲陰，隸書陶字或作陶，陰字或作陰，二形相似，故陰訛爲陶。」案：王念孫從字形分析入手，結論是對的。從地理上來看，陰山，《集解》引徐廣曰：「在五原北。」北假，《漢書・地理志》云屬五原郡。陰山、北假皆在五原，故可並列。標點本將「陶」改爲「陽」，殊無理據。

（2）伐秦至鄭，還築洛陰、合陽。（《六國年表》魏文侯斯十七年，P708）

案：此句標點宜爲：「伐秦，至鄭還，築洛陰、合陽。」《史記・魏世家》：「西攻秦，至鄭而還，築洛陰、合陽。」

（3）秦取曲沃，平周女化爲丈夫。（《六國年表》魏襄王十三年，P730）

案：此句標點宜爲：「秦取曲沃、平周。女化爲丈夫。」《史記・魏世家》：「魏有女子化爲丈夫。秦取我曲沃、平周。」

（4）三十三年，秦孝公卒，商君亡秦歸魏，魏怒，不入。（《魏世家》，P1847）

案：「怒」字疑當作「恐」。《史記・六國年表》：「衛鞅亡歸我，我恐，弗內。」「怒」「恐」二字形近易訛。秦強魏弱，恐字於義爲長。

（原載《古漢語研究》2001 年第 1 期）

中華書局本《史記》勘誤一例

中華書局本《史記》卷六十八《商君列傳》第八云：

> 孝公既用衛鞅，鞅欲變法，恐天下議己。衛鞅曰：「疑行無名，疑事無功。且夫有高人之行者，固見非於世；有獨知之慮者，必見敖於民。愚者暗於成事，知者見於未萌。民不可與慮始，而可與樂成。論至德者不和於俗，成大功者不謀於眾。是以聖人苟可以強國，不法其故；苟可以利民，不循其禮。」（7 冊／2229 頁）

按：此段行文前後矛盾。上文說衛鞅欲變法，恐天下議己，下文衛鞅又用一段釋疑之詞，強調不必考慮天下人的議論。衛鞅認爲「民不可與慮始，而可與樂成。論至德者不和於俗，成大功者不謀於眾」，可見他是不怕「天下議己」的。從邏輯的角度來看，顯然自相矛盾。因此，「鞅欲變法」中的「鞅」字疑涉上而衍。

《史記》以上所引之文並非司馬遷杜撰，而是根據《商君書・更法第一》改寫而成，爲了說明問題，現將《商君書》原文詳錄如下：

> 孝公平晝，公孫鞅、甘龍、杜摯三大夫御於君，慮世事之變，討正法之本，求使民之道。
>
> 君曰：「代立不忘社稷，君之道也；錯法務明主長，臣之行也。今吾欲變法以治，更禮以教百姓，恐天下之議我也。」
>
> 公孫鞅曰：「臣聞之，疑行無成，疑事無功。君亟定變法之慮，殆無顧天下之議之也。且夫有高人之行者，固見負於世；有獨知之慮者，必見訾於民。語曰：『愚者闇於成事，知者見於未萌。民不可與慮始，而可與樂成。』郭偃之法曰：『論至德者不和於俗，成大功

者不謀於眾。』法者，所以愛民也；禮者，所以便事也。是以聖人苟可以強國，不法其故；苟可以利民，不循其禮。」(《商君書錐指》第 1～3 頁)

顯而易見，《商君列傳》係隱括《商君書》而成。經過詳細比勘，發現有一點完全相反，《商君列傳》中所謂「鞅欲變法，恐天下議己」，而《商君書》原文爲：「君曰：『今吾欲變法以治，更禮以教百姓，恐天下之議我也。』」「吾」、「我」皆指孝公，「君」亦顯指孝公，而非商君。從《商君書》原文可以看出，最初欲行變法的是孝公而非商鞅，是孝公擔心天下議己而非商鞅。原文中商鞅誘導孝公：「君亟定變法之慮，殆無顧天下之議之也。」白字黑字，更是鐵證如山。可是，《史記》衍一「鞅」字，將欲行變法的弄成了商鞅，將「恐天下議己」的人誤作商鞅，遂使上下文意扞格不通。

何以《商君列傳》會出現如此疏漏？司馬遷「厥協六藝異傳，整齊百家雜語」，以成一家之言，著書之嚴謹，足以爲百代法，況且他根據《商君書》爲商鞅作傳，當時應該不會出現如此錯誤，極有可能是在《史記》流傳過程中誤增一「鞅」字。一字之衍，遂使重大歷史事件張冠李戴，今特爲拈出，以免以訛傳訛。

《清史稿》勘誤一例
——勵守謙登第之年小考

《清史稿》卷二六六云：

> 勵杜訥，字近公，直隸靜海人。勵氏自靜海北遷，訥以杜姓補諸生。康熙二年，纂《世祖實錄》，選善書之士，訥試第一。……十九年，授編修，充日講起居注官。二十一年，奏請復勵姓。……四十二年，擢刑部侍郎。卒。……子廷儀，字南湖，康熙三十九年進士。……（雍正）十年卒，官編修。自杜訥以諸生受知遇，子孫繼起，四世皆入翰林。〔註 1〕

據此，我們可以將勵氏四代登第之年與卒年列表如下：

姓　名	登第之年	卒　年
勵杜訥		1703
勵廷儀	1700	1732
勵宗萬	1721	1759
勵守謙	1805	

假如勵杜訥的登第之年從康熙十九年（1680）授編修算起，第一代與第二代的登第之年相差爲 20 年，第二代與第三代的登第之年相差 21 年，而第四代與第三代竟然相差 84 年，是勵守謙登第甚遲還是《清史稿》紀年有誤？

〔註 1〕《清史稿》卷二六六《列傳》五十三，中華書局 1977 年版。

鄭偉章先生近撰《文獻家通考》，「勵守謙」條云：

> 字自牧，一字子牧，呈雙清老人，直隸靜海（今屬天津）人，生卒年未詳。乾隆九年（1744）舉人，次年聯捷成進士，改庶吉士，授編修，入四庫館充校勘《永樂大典》纂修兼分校官，官至司經局洗馬。顧氏四世翰林，曾祖父杜訥，字近公，祖父廷儀，字南湖，父宗萬，字滋大，均為進士，入翰林院，官至重臣，《清史稿》卷二百六十六均有傳。〔註2〕

鄭先生考證勵守謙登第之年為乾隆十年（1745），與《清史稿》剛好相差一個甲子（60年）。嘉慶十年干支為「乙丑」，乾隆十年干支亦為「乙丑」。檢《明清進士題名碑錄索引》「勵」字條，勵氏祖孫三代赫然在目：

廷儀　直隸靜海　清康熙39／2／23
守謙　直隸靜海　清乾隆10／2／23
宗萬　直隸靜海　清康熙60／2／18〔註3〕

可見勵守謙登第之午確為乾隆十年（1745）。勵宗萬、勵守謙父了之間的登第年份相差為24年。封建社會大約20至30年為一代，勵氏家族登第之年與此相符。《清史稿》作者誤推干支，將勵守謙登第之年推遲一個甲子，於情於理均不可通。假如勵守謙真是嘉慶十年（1805）中進士，他憑什麼資格進入四庫館？四年館於乾隆三十八年（1773）正式啓動，纂修官一般為翰林，僅有8人不是翰林。姚鼐所撰任大椿《墓誌銘》云：「値詔開四庫館，大臣有知君才，舉為纂修官。是時非翰林而為纂修官者凡八人，鼐與君與焉。……當是時，四庫書成，凡纂修者皆議敘，向之八人者，其六盡改為翰林矣。」〔註4〕而勵守謙正是以翰林院編修的資格出任校勘《永樂大典》纂修兼分校官。〔註5〕由此可見，勵氏登第之年應為乾隆十年而不是嘉慶十年。

（原載《古籍研究》2002年第1期）

〔註2〕鄭偉章：《文獻家通考》，中華書局1999年版，第294頁。鄭士蕙：《靜海縣志》卷六《鄉賢》，清同治十二年（1873）刻本。

〔註3〕朱保炯、謝沛霖：《明清進士題名碑錄索引》，上海古籍出版社1980年版，第2074頁。

〔註4〕姚鼐：《惜抱軒全集》，中國書店1991年版，第146～147頁。

〔註5〕《四庫全書總目》卷首《職名》，中華書局1965年版。

呂冠蘇戴　文不對題
——《四庫全書》勘誤舉例

《四庫全書總目・凡例》云：「今於所列諸書，各撰爲提要，分之則散弁諸編，合之則共爲《總目》。」實際情況並非如此簡單，庫本提要與《總目》並不完全相同。更爲有趣的是，筆者在比勘文淵閣庫本提要與殿本《總目》的過程中，發現了一例十分罕見的現象：蘇轍《春秋集解》庫本提要與殿本《總目》蘇書提要截然不同，而與呂本中《春秋集解》庫本提要竟然十分相似！

首先，我們來看殿本《總目》著錄的蘇轍《春秋集解》提要（以下簡稱「《總目》蘇書提要」）全文：

春秋集解十二卷　浙江吳玉墀家藏本

宋蘇轍撰。先是，劉敞作《春秋意林》，多出新意，孫復作《春秋尊王發微》，更捨傳以求經，古說於是漸廢。後王安石詆《春秋》爲斷爛朝報，廢之，不列於學宮。轍以其時經傳並荒，乃作此書以矯之。其說以左氏爲主，左氏之說不可通，乃取公、穀、啖、趙諸說以足之。蓋以左氏有國史之可據，而公、穀以下則皆意測者也。自序稱自熙寧間謫居高安，爲是書，暇輒改之。至元符元年卜居龍川，凡所改定，覽之自謂無憾。蓋積十餘年而書始成，其用心勤懇，愈於奮臆遽談者遠矣。朱彝尊《經義考》載陳宏緒跋曰：「左氏紀事，粲然具備，而亦間有悖於道者。公、穀雖以臆度解經，然亦得失互見。如『戎伐凡伯於楚丘』，穀、梁以戎爲衛；『齊仲孫來』，公、穀

> 皆以爲魯慶父；『魯滅項』，又皆以爲『齊實滅之』。顯然與經謬戾，其失固不待言。至如『隱四年，秋，翬率師會宋公、陳侯、蔡人、衛人伐鄭』，『桓十有四年，秋八月壬申，御廩災。乙亥，嘗。』『莊二十有四年，夏，公如齊逆女』，諸如此類，似公、穀之說，妙合聖人精微，而潁濱一槩以深文詆之，因噎廢食，讀者掩其短而取其長可也。」其論是書頗允。此本不載，蓋刻在宏緒前也。《宋史·藝文志》稱是書爲《春秋集傳》，《文獻通考》則作《集解》，與今本合，知《宋志》爲傳寫誤矣。〔註1〕

而蘇氏《春秋集解》的文淵閣庫本提要（以下簡稱「閣本蘇書提要」）與此大相徑庭，爲了便於比較，亦全錄原文如下：

> 臣等謹按：春秋集解三十卷，宋呂本中撰。舊刻題呂祖謙，誤也。本中字居仁，好問之子。《宋史》本傳載靖康初官祠部員外郎，紹興六年賜進士，擢起居舍人，八年遷中書舍人兼侍講權直學士院，學者稱爲東萊先生。故趙希弁《讀書附志》稱是書爲東萊先生撰。後人因祖謙與朱子游，其名最著，故亦稱爲東萊先生。而本中以詩擅名，詩家多稱「呂紫微」，東萊之號稍隱，遂移是書於祖謙。不知陳振孫《書錄解題》載是書，固明云本中撰也。朱彝尊《經義考》嘗辨正之，惟以《宋志》作十二卷爲疑。然卷帙分合，古今每易，不獨此書爲然。況振孫言是書自三傳而下集諸儒之說，不過陸氏、兩孫氏、兩劉氏、蘇氏、程氏、許氏、胡氏數家，採擇頗精，全無自己議論。以此本考之亦合，知舊刻誤題審矣。惟《宋志》此書之外，別出祖謙《春秋集解》三十卷，稍爲牴牾，疑宋末刻本已析其原卷，改題祖謙，故相沿訛異，史亦因之重出耳。祖謙年譜備載所著諸書，俱有年月，而《春秋集解》獨不載，固其確證，不必更以他說疑也。本中嘗撰《江西宗派圖》，又有《紫薇詩話》，皆盛行於世，世多以文士目之，而經學深邃乃如此，林之奇從之受業，復以其學授祖謙，其淵源蓋有自矣。乾隆四十三年五月恭校上。

顯而易見，二者風馬牛不相及。爲什麼會出現如此重大的失誤呢？原來宋代呂本中也寫過一本《春秋集解》，與蘇轍的著作書名完全相同。四庫館

〔註1〕《欽定四庫全書總目》卷二十六。

臣粗心大意，將《總目》著錄的呂本中《春秋集解》提要（以下簡稱「《總目》呂書提要」）誤冠於蘇書閣本之前。茲將《總目》呂書提要全文照錄如下：

春秋集解三十卷　內府藏本

宋呂本中撰。舊刻題曰呂祖謙，誤也。本中字居仁，好問之子。《宋史》本傳載其靖康初官祠部員外郎，紹興六年賜進士，擢起居舍人，八年遷中書舍人，兼侍講權直學士院，學者稱爲東萊先生。故趙希弁《讀書附志》稱是書爲東萊先生撰。後人因祖謙與朱子游，其名最著，故亦稱爲東萊先生。而本中以詩擅名，詩家多稱「呂紫微」。東萊之號稍隱，遂移是書於祖謙。不知陳振孫《書錄解題》載是書，固明云本中撰也。朱彝尊《經義考》嘗辨正之，惟以《宋志》作十二卷爲疑。然卷帙分合，古今每異，不獨此書爲然。況振孫言是書自《三傳》而下集諸儒之說，不過陸氏、兩孫氏、兩劉氏、蘇氏、程氏、許氏、胡氏數家，而採擇頗精，全無自己議論。以此本考之亦合，知舊刻誤題審矣。惟《宋志》此書之外別出祖謙《春秋集解》三十卷，稍爲牴牾，疑宋末刻本已析其原卷，改題祖謙，故相沿訛異，史亦因之重出耳。祖謙年譜備載所著諸書，具有年月，而《春秋集解》獨不載，固其明證，不必更以他說疑也。本中嘗撰《江西宗派圖》，又有《紫微詩話》，皆盛行於世，世多以文士目之，而經學深邃乃如此，林之奇從之受業，復以其學授祖謙，其淵源蓋有自矣。〔註2〕

一望而知，閣本蘇書提要與《總目》呂書提要的內容基本一致，二者僅有四字之差。

二百多年來，這一「呂冠蘇戴」的錯誤一直未被發現，特公佈於眾，聊備四庫學研究之一助云爾。

〔補記〕

《四庫全書總目》未區分蘇、呂二家的《春秋集解》，而《四庫全書》則區分得很清楚，分別著錄爲《蘇氏春秋集解》、《呂氏春秋集解》。《呂氏春秋集解》的庫本提要爲：

〔註 2〕《欽定四庫全書總目》卷二十七。

臣等謹案:《春秋集解》三十卷,宋呂本中撰。舊刻題曰呂祖謙,誤也。本中字居仁,好問之子。《宋史》載其紹興六年賜進士,擢起居舍人,八年遷中書舍人,兼侍講權直學士院,學者稱爲東萊先生,故趙希弁《讀書附志》稱是書爲東萊先生撰。後人因祖謙與朱子游,其名最著,亦稱曰東萊先生。而本中以詩擅名,詩家多稱呂紫微,東萊之號稍隱,遂移是書於祖謙。不知陳振孫《書錄解題》載是書,固明云本中撰也。振孫又言是書自《三傳》而下集諸儒之説,不過陸氏、兩孫氏、兩劉氏、蘇氏、程氏、許氏、胡氏數家,而採擇頗精,全無自己議論。以此本考之亦合,知舊刻誤題審矣。本中所著《江西宗派圖》《紫微詩話》皆盛行於世,而不知其經學之邃乃如此,今考正之,庶幾不沒其眞焉。乾隆四十四年九月恭校上。

上述文字與《總目》呂書提要大致相同,亦稍有竄點。

(原載《圖書館工作與研究》2000年第5期)

我的譜系考

「我從哪裏來？」這是一個困擾了我五十年的難題。去年族弟建軍電話告訴我——「你是司馬光第三十一代孫。」又告知同治四年（1865）三修的《司馬族譜》珍藏至今，共四十二冊，歷經兵燹動亂，族人們費盡心機，大體保存完好。族兄俊山細心整理，多歷年所，又遠道寄給我，囑我校對審訂。我以虔誠之心，將族譜仔細校讎一過，發現了我們這一支的有關信息，據此將我的譜系資料耙梳如下。

一、從北宋司馬光至明初

光→康→桓→載→熙→培→夢求→韶→緒→福四

一世　光，字君實，號涑水，尚書左僕射兼門下侍郎，封溫國公，卒贈太師，謚文正。妣張氏，封溫國夫人。司馬光生於 1019 年 11 月 17 日，卒於 1086 年 10 月 11 日。

二世　康，字公休，秘書省正字，遷秘書郎，卒年四十一，贈諫議大夫。

三世　桓，字號遺，承奉郎。

四世　載，字號遺。

五世　熙，字號遺，世居陝州平陽府夏縣涑水南原之晁村。

六世　培，字號遺。

七世　夢求，任湖省荊郡建令，宋末在沙市盡節。妻孥避兵江南鳳陽府鳳陽縣鬧市街白米村。

八世　韶，字號遺。

九世　緒，字號遺。

十世　福四，前明督屯荊襄，因卜居公安。

二、明初至四世

一世　福四，字遺。先明高皇帝駕前都指揮，敕封金吾。行實、忌日俱遺。祖葬新建驛南二里餘，地名鐃鈸山，乾山巽向。塋山塋後一形，上抵分水嶺嶺南。塹圍內俱屬馬姓管業，其畝數周圍二百一十弓，徑四十九弓，積四千五百一步，一十八畝八分。妣闕氏，生子三：如玉、如龍、如虎，生卒內家俱遺。妣卒葬蘇家渡南岸濱河，卯山酉向。塋山西抵戴處水田，南抵李基（今歸馬姓），北抵走路，東抵戴地，前後弓丈一畝。

二世　如虎，行三，字遺，世襲指揮，行實俱遺。祖卒葬祖祠後大路東，地形右單提，前有明堂湖，坤山艮向。妣梁氏、繼配陸氏。生子六：廷芳、廷美、廷秀、廷桂、廷伍、玄眞保，生卒內家俱遺。二妣葬項家塌北馬家大山，南向。

三世　廷芳，字遺，如虎長子。世襲指揮，行實俱遺。祖葬棗兒崗，坐良祖基右，坤山艮向。墳前橫界自東至西三十六弓，墳後相等直界自墳後塹起，連墳並熟地齊墈，共十五弓，計一畝一分二釐。妣李氏、周氏，生子二：淨、良，生卒內家俱遺。二妣葬蘇家溪，壬山丙向。

四世　良，字遺，廷芳次子，世襲指揮。《明史》：正統二年（1437），賑濟山東，錫爵不受，奉詔勞以羊酒，敕書一軸，旌封義士，史闕姓名，載《公安邑乘・義士傳》。祖卒，葬馬家嘴東白馬汊，雙龍雙虎，收盡一湖秀水，辛山乙向。查良公馬腦山護塋，山田陸地，東北俱連湖。南有水田二丘，抵垈田並湖，溝西以塹爲界，自墳後餘邊一直至西塹九十五弓；西北水田九丘約二畝五分，西北抵又良陸地並有容田，一直下連湖西；南下一截抵聲遠田，上一截抵聲遠地，合丈四十八畝四分。配許氏，生子二：繡、總。內家生名俱遺。妣卒葬虎祖青龍嘴爲塋，同明堂湖。續配廖氏，生子五：纓、紳、縉、經、綸。內家生名俱遺，妣卒，葬良祖塋之青龍山嘴，地名大山，壬山丙向。副配查氏，生子一：德。移居澧陽安子橋。妣卒，葬安子橋大路邊。

三、五世以下有多種可能

（一）可能出自長房：

五世　繡，良長子，卒葬始祖祠西坐中，壬山丙向，有碑。配桑氏，卒葬馬腦山良祖右，辛山乙向，有碑。子五：祐、裕、禟、祚、禠；女一，適鄒尙書莊簡公，誥封夫人。繡祖祠長房鬮分建於嘉慶辛未年，祠基一處，竹樹並地一圍。祠東首水田二號共四斗；公堰一口，車埠俱全，使水有底；祠後陸地四號，又後接連河地一塊，四至：大抵東前抵懋昭田並懋昭公堰，東中抵李姓公莊基六地，東後抵太元河地，南抵王田並公堰，西首尾俱抵李姓田地並公堰，西中抵劉姓基址，又抵永師河地，北抵李姓河地，四抵清楚。

六世　祐，繡長子。配王氏。卒俱葬上申寅山，有碑，塋山依老譜復刊，南直廿三弓，北直卅三弓，東橫卅四弓，西橫四十三弓二尺；下山南直五十弓，北直六十七弓，中直廿五弓，東橫十六弓，西橫廿弓；下山後北橫十三弓，南橫八弓，中直十一弓。上下共九畝四分六釐，內水田大小三丘，有明堂湖名松林汊，海、淵、瀛、庸遞年輪管。子三：文山、文高、文定。

七世　文高，字湖山，祐次子。公配俱葬卯酉山，塋山依老譜刊，東抵元勳基址並田四十二弓；西抵堰及含光田二十九弓；南抵元勳田二十九弓；北抵雷田並元勳垣牆腳三十九弓，共五畝三釐，外東首小地一塊。子二：大中、大庸。

八世　大中，文高長子，卒葬申寅山。配洪氏，繼曹氏。卒俱葬卯酉山。子四：時行、時化、時雨、時春。

九世　時化，字思善，大中公三子。生明嘉靖丙戌（1526）五月十三酉時，卒葬澧州趙家坡佘家山，庚山甲向，有碑誌。塋山一處，東自坑西自溝心，長十八弓，上亙十三弓，下十三弓。所有抵節：北抵溝心，西抵溝心，南抵趙處草山，挖坑爲界。配王氏，卒葬熱虎汊，卯山酉向。續配周氏，卒葬河西劉家湖貫吾墳頭，庚山甲向。塋山一處，長二十七弓，上亙十二弓，上中亙十二弓，中亙十一弓半，中下亙六弓半，下亙六弓半，所有抵節：西抵雷田，北抵效咸地，南抵馬地，東抵雷田，四抵清楚。生一子：範。

十世　範，字貫吾，時化長子。生萬曆甲戌（1574）六月廿五午時，卒崇禎辛巳（1641）九月十一戌時，葬蒲家湖仙女殿沙耳山，艮山坤向。配毛、魏、官、甘、張、劉、李氏，毛、魏合冢，葬澧州趙家坡佘家山，有碑誌。子二：應龍、應襄。塋山一處，茅草山一塊，長一百四十弓，上橫六十二弓，中橫四十弓，下橫三十弓，所有抵節：東抵彭處草山挖坑爲界，南抵沈墳並祖遺董家洲，北抵彭地。塋山西坡下水田陸地青草山柴山大小七塊，南抵湖心，西抵湖心。中乙形抵節基地一處，基後陸地大小三塊，東抵彭地，北抵劉地。基前陸地青草山柴山大小五塊，西抵湖心，北一形抵節頂崗。尖角地一塊二畝，長地一塊三畝。尖角地東田二丘共六斗，東南北俱抵劉田。東峪下湖地一塊，西抵劉田，南抵彭地，東抵湖心。青草山一塊，與湖地相連，西抵劉田，北抵馬草山，東抵溝心，南抵湖心。長地與尖角地西坡下直一形田四丘，共一石八斗。青草山柴山湖地大小五塊，北抵毛田，西抵湖心。塋山內有古墳五冢，墳前祖遺董家洲，東南俱抵湖心，北抵沈墳並塋山。續置趙當湖抵節：東抵許田坡並馬田坡，西抵湖田，南抵許田，北抵湖田。南岸有出水私港一條，水出蒲家湖；西岸上首出水私港一條，水由沙嘴出石馬潭歸河；下首出水私港一條，水由馬田南出唐家榨北首歸河，此一港原後買許周曉地開挖。外有湖西北岸老壩坑，坑一湖抵節：東北南俱抵馬田，西抵陳田。又有八個坑一所，在湖西岸，以示後世子孫，恐有恃強霸佔，各房執譜鳴公，不得以私紊公，此計趙當湖自先皇年間長房之鼎與二房之偉子孫屢次出售，歸併三房之旭子孫管業，二房維駱後嗣五年內止可執管一年，三房之旭孫子維秀、維瑞、維官、維與後嗣於五年內輪流遞管，各莊租一年，自此以後永無異說。若後淤地成熟，照湖分輪管。

十一世　應龍，字見田，範長子。生天啓丙寅（1626）正月十四戌時，卒葬沙耳山，艮山坤向。配周氏，生崇禎辛未（1631）臘月八日子時，卒合葬夫塋，同向。生子四：之鼎、之偉、之旭、之奇。

十二世　之旭，字升菴，應龍三子。生康熙戊申（1668）十月廿四丑時，卒雍正癸丑（1733）四月四日亥時，葬沙耳山，艮山坤向。配彭氏，生康熙丁未（1667）臘月十日未時，卒乾隆壬申（1752）十月五日亥時，合葬夫塋，同向。五子：維琇、維英、維瑞、維官、維與。

十三世　維琇，字文榮，之旭子。生康熙甲戌（1694）五月十五亥時，卒乾隆丙戌（1766）二月十四寅時，葬隔保湖，艮坤向。配袁氏，生康熙癸酉（1693）六月六日未時，卒乾隆庚子（1780）八月十九午時，葬毛家嘴，丑未向。子四：敬宗、魏宗、孝宗、惠宗。

十四世　敬宗，字銘莊，維琇長子。生康熙戊戌（1718）九月十五亥時，卒乾隆甲申（1764）七月七日亥時，葬王長嘴，乾巽向。配袁氏，生康熙乙未（1715）七月廿午時，卒乾隆己酉（1789）正月四日未時，附葬夫塋，卯酉向。子四：有連、有則、有政、有才。

十五世　有政，字士朝，敬宗三子。生乾隆乙丑（1745）六月廿三酉時。配酆氏，生乾隆壬午（1762）冬月廿九巳時，卒葬沙耳山，卯山酉向。子四：盛照、盛才、盛指、盛典。

十六世　盛指，字祥光，有政三子。生乾隆庚子（1780）四月四日寅時，卒道光甲午（1834）四月六日巳時，葬劉家腦抱雞母山，向東北。配鄧氏，生壬寅（1782）五月十四寅時，卒嘉慶壬申（1812）十月四日辰時，葬沙耳山，向南。子一：德近；女一，適易。

十七世　德近，字鏽升，盛指長子。生嘉慶己未（1799）二月廿二寅時，卒道光庚戌（1850）三月五日亥時，葬劉家腦抱雞母山西北，東北向。配熊氏，生嘉慶甲子（1804）二月五日巳時，卒道光辛丑（1841），附葬夫塋。子二：啓銓、啓江。女二。

十八世　啓江，德近次子。生道光癸巳（1833）臘月十八酉時。

（二）可能出自四房

五世　紳，良公四子，配粟金公女、趙氏、余氏。公卒遺，葬社壇溪，乾山巽向。塋地墳後西圍腳起直抵逸少地並墈，下基及青草山四十八弓，墳前一直向東抵湖水三十八弓，北抵湖水，南抵港水。墳後橫四十三弓，北抵順峪地並田及湖邊，西南抵汪湖水，共廿五畝，同入祖祠。趙妣葬長山，癸山丁向。粟妣葬丁家湖，壬山丙向。余妣附紳祖墳右，有碑。五子：禂、褣（趙出）、禩、善（粟出）、穤（余出）。

六世　善，字梅溪，紳公四子，卒葬抱子山，午向。配龔、周二妣，俱附葬長山，同向，有碑。四子：文蘭、文章（龔出）、文昆、文龍（周出）。道光十八年，馬全三盜賣善祖塋右畔，二四兩房出首稟，姒憲經生員彭中定等請息批，據呈千總德普等：「祖塋現經查明，譜載界址處今照舊世守所有。司馬全三前葬冢處，以墳腳八寸爲界，日後不得寬培，公同立碑申禁，事具平允。至司馬全三先既盜賣，繼復圖占，實屬刁玩，本應究懲，姑念事經處明，各願寢息，施恩免其深究，准予息銷，以全親親之誼。道光十九年二月廿八日批。」

七世　文龍，字化江，善公四子，卒遷葬觀汊北岸，癸丁向。塋山圍丈一百零二弓。配伍氏，生嘉靖丙戌九月五日，卒萬曆甲午冬月十一巳時，遷葬丁家湖北岸松林嘴，丑未向。熟地三塊，圍丈一百乙十四弓，下有餘灘未丈。繼配徐氏，卒葬夫墳右。五子：大伯、大謨、大受、大圖（伍出）、上乘（徐出）。女一：適誥封中憲大夫鄒珠，受子德魯誥封恭人（伍出）。

八世　大受，字中山，文龍公三子，萬曆辛亥年六月十八戌時生。配朱氏，萬曆壬子年十月十四亥時生，生五子：時躍、時育、時諧、時恒、時益。

公卒崇禎戊戌年四月十三未時，葬長山龔妣右。妣卒崇禎年五月初一丑時，葬觀汊化江祖墓左。再配程氏，葬遺。龔妣塋七代孫訓捐地一塊，荒作下砂，護塋。

九世　時躍，五子：質、幼常、確、貞常、贊。

十世　幼常，二子：應齡、應珩。

十一世　應珩，三子：之相、之楮、之杞。

十二世　之相，字乃弼，應珩長子。生康熙丙午三月八日酉時，卒雍正丙午五月十三午時，葬老基左，有碑。配楊氏，生康熙庚戌七月九日卯時，卒雍正戊申四月十日巳時，葬長安沈家祠面山，買王處塋山，陸地荒熟共二畝，壬山丙向，有契。子三：維長、辛、道。

十三世　維長，字廣巽，之相長子。生康熙壬申三月十七未時，卒乾隆丁丑十月廿三辰時，葬港口渡管家嘴，有碑。配沈氏，生康熙壬申八月九日，卒乾隆甲午臘月十六丑時，葬上長安附祖塋右畔。子一：宗筆。女適牟。

十四世　宗筆，字輝萬，維長長子。生雍正己酉六月十三亥時，卒乾隆丙申十月十二午時，葬長安祖母塋右。配唐氏，生雍正戊申八月廿二寅時，卒乾隆辛亥六月十日丑時，葬公塋右畔。子二：有容、次夭。女適唐。

十五世　有容，字克涵，宗筆長子。生乾隆乙亥七月十八亥時，卒道光癸未臘月廿一，葬長安山，子午向，陸地草山乙畝五分，永作祭掃。配戴氏，生乾隆甲戌四月十九，卒遺，葬長安山。繼配王氏，生乾隆壬辰四月二日，卒道光己亥十月五日，葬袁家巷北永安山，癸丁向。塋山陸地草山乙畝，係盛清、盛魁、盛榜三分私置，盛朝、盛元二家無份。子五：盛朝、盛清、盛元、盛魁、盛榜。女二：適周，適劉。

十六世　盛榜，字聯登，有容五子。生嘉慶庚午冬月五日丑時，卒同治甲子二月二日丑時，葬袁家巷附母墳北，癸丁向。配沈氏，生嘉慶庚午十月十七亥時。子五：德超、德春、德賢、德榮、德槐。女適袁。

十七世　德超，字書樊，盛榜長子。生道光戊子（1828）冬月十五酉時。娶黃氏，生道光己丑（1829）四月四日子時。子二：啓江、啓峻。

十八世　啓江，德超長子。生咸豐甲寅（1854）八月十七酉時。

四、十八世至今

十八世　啓江，生年待考，卒年遺，葬湖南南縣浪拔湖鄉新口村。

十九世　師堯，大約生於 1880 年前後，卒於 1958 年，葬湖南南縣浪拔湖鄉新口村。配范氏，生卒遺，與夫合葬。子三：鶴清（1908～1988）、登雲（1924～1972）、步雲（1926～2014）。女五：長適張，二適劉，三適某，四適黃，么適吳。

二十世　鶴清，生於戊申（1908）正月十一日，卒於 1988 年十二月十五日，葬湖南南縣浪拔湖鄉華美村。配王氏，生於壬子（1912）正月二十八日，卒於 1994 年農曆四月十五日，與鶴清公合葬。子一：立中。女一，適趙。

二十一世　立中，生於 1931 年農曆 11 月 3 日丑時，卒於 2013 年 12 月 13 日，葬湖南南縣浪拔湖鄉華美村。配譚氏，生於 1939 年二月初二辰時，卒於 1995 年 12 月 11 日，與立中公合葬。

二十二世　朝軍。子一：悟一，生於 2008 年 4 月 30 日下午。女一：藝，生於 1994 年 12 月 26 日辰時。

五、結語

我的高祖啓江公的生卒年不詳，而《司馬族譜》中名爲啓江者多達五人，其中三人生於 1826 年，一人生於 1833 年，一人生於 1854 年。曾祖師堯公大約生於 1880 年前後，德超公長子之啓江公與之年齡最爲接近，大約相差 26 歲，從年齡上推算，他最有可能。我的高祖啓江公究爲何人，現在難以說清，只好暫時存疑。

無論如何，我都是司馬光的三十一代孫。

2019 年是司馬光誕生一千週年，謹此致敬溫公！

輯四　筆記

《漢語大詞典》引用章太炎資料輯錄
——「知識生成史」筆記之一

【一往】〖V.1P.0047〗⑤ 一概；一律。章炳麟《國故論衡·文學總略》：「又學說者，非一往不可感人。」

【三支】〖V.1P.0215〗② 指三段論式。清章炳麟《諸子學略說》：「近人或謂印度三支，即是歐洲三段。」

【不校】〖V.1P.0433〗不計較。《論語·泰伯》：「有若無，實若虛，犯而不校。」邢昺疏：「校，報也。」唐韓愈《和侯協律詠笋》詩：「短長終不校，先後竟誰論？」章炳麟《蘄黃母銘》：「母一意教侃（黃侃），忍詢不校。」

【事火咒龍】〖V.1P.546〗比喻荒誕不經之事。事火，指祀火爲神；咒龍，指咒龍請雨。章太炎《國家論》：「於此而視爲神聖，則不異於事火咒龍也。」

【爻錯】〖V.1P.0644〗交叉錯雜。章炳麟《訄書·顏學》：「社會生生之具至爻錯。」

【胤族】〖V.1P.0666〗猶嗣族。章炳麟《沈藎哀辭》：「悲夫丈夫固享五鼎兮，況爲犧以饗胤族。」

【承誤】〖V.1P.0776〗沿襲謬誤。章炳麟《〈文始〉敘例》：「李斯作篆，多所承誤。」

【原流】〖V.1P.0932〗源流。《管子·輕重甲》：「君請遏原流，令以矩遊爲樂。」宋趙彥衛《雲麓漫鈔》卷十四：「（呂居仁作《江西詩社宗派圖》）錄其名字曰江西宗派，其原流皆出豫章也。」清陳鱣《對策》卷四：「三言八字之文，篇詞引敘，碑碣之狀，原流間出，著作咸收。」章太炎《辨詩》：「謂後世爲序錄者，當從《詩賦略》改題樂語，凡有韻者悉著其中，庶幾人識原流，名無棼亂者也。」

【厥角】〖V.1P.0936〗謂獸之角。厥，其。《書・泰誓中》：「百姓懍懍，若崩厥角。」孔穎達疏：「以畜獸爲喻，民之怖懼，若似畜獸崩摧其角然。」《孟子・盡心下》：「若崩厥角稽首。」後因用「厥角」指以額觸地。南朝梁陸倕《石闕銘》：「莫不屈膝交臂，厥角稽顙。」章太炎《訄書・序種姓上》：「魏、周、金、元之民，扶服厥角，以奔明氏。」

【俏誑】〖V.1P.1339〗妄語，胡謅。章炳麟《新方言・釋言》：「今人謂妄語爲俏誑。或曰胡俏，俗作謅。」

【侈慢】〖V.1P.1346〗自大傲慢。章炳麟《印度人之觀日本》：「人性固多有侈慢者，亦多有猥賤者。」

【侹侹】〖V.1・P.1412〗惶遽貌；心神不安貌。漢劉向《九歎・思古》：「魂侹侹而南行兮，泣霑襟而濡袂。」王逸注：「侹侹，惶遽之貌。」章炳麟《與羅振玉書》：「有足下與林泰輔書，商度古文，獎藉泰甚，誠侹侹若有忘也。」

【僭亂】〖V.1P.1667〗② 犯上作亂。《後漢書・楊震傳》：「時袁術僭亂，操託彪與術婚姻，誣以欲圖廢置，奏收下獄，劾以大逆。」唐陸龜蒙《求志賦》：「溝公墓以淹廢逐，隳私城而防僭亂。」宋蘇軾《代李琮論京東盜賊狀》：「自天寶以後，河北諸鎭，相繼僭亂，雖憲宗英武，亦不能平。」章太炎《革命道德說》：「昔顧寧人以東胡僭亂，神州陸沉，慨然於道德之亡，而箸之《日知錄》。」

【僕子】〖V.1P.1668〗② 稱愚人。章炳麟《新方言・釋言》：「今廣信謂愚人爲僕子，亦猶言腐儒也。」

【儹錢】〖V.1P.1742〗積蓄錢財。章炳麟《新方言・釋言二》：「今通謂積資爲儹錢。」

【八家】〖V.2P.0015〗③ 謂八旗。章炳麟《駁康有爲論革命書》：「其曰貴族，則八家與內外蒙古是已。」

【典柯】〖V.2P.0114〗典章法令。章炳麟《瑞安孫先生傷辭》：「又不幸姬漢典柯，不絕如線。」

【充頮】〖V.2P.0259〗完全明白。章炳麟《學變》：「斯所謂煩瑣哲學者，惟內心之不充頮，故言辯而無繼。」

【商度】〖V.2P.0373〗② 商討。明李贄《與焦漪園太史書》:「豈自以爲至足，無復商度處耶？」章炳麟《與羅振玉書》:「見東人所集漢學，有足下與林泰輔書，商度古文，獎藉泰甚，誠佂佂若有所忘也。」

【分異】〖V.2P.0580〗③ 猶區別。章炳麟《文學說例》:「由魏逮唐，分異文筆。」

【初政】〖V.2P.0620〗③ 謂新政。章炳麟《商鞅》:「世徒見鞅初政之酷烈，而不考其後之成效。」

【刺】〖V.2P.0690〗② 方言。謂潑辣、利害的人。章炳麟《新方言·釋言》:「江寧謂人性很戾者爲刺子。」

【剴易】〖V.2P.0725〗切實平易。章炳麟《學變》:「《法言》持論至剴易，在諸生間，陵矣。」

【割分】〖V.2P.0732〗② 分割；割開。章炳麟《定復仇之是非》:「所謂漢族並非與苗民截然區劃，又誰得割分者。」

【垢黷】〖V.2P.1101〗污穢。章炳麟《代議然否論》:「國有政黨，非直政事多垢黷，而士大夫之節行亦衰。」

【途墍】〖V.2P.1178〗用泥塗抹屋頂或牆壁。亦泛指塗飾修繕。《書·梓材》:「若作室家，既勤垣墉，惟其途墍茨。」蔡沈集傳:「途墍，泥飾也。」唐杜甫《題衡山文宣王廟新學堂呈陸宰》詩:「講堂非曩構，大屋加途墍。」清劉大櫆《焚書辨》:「今夫富民遺其子孫以室廬，至其後之不肖，不因途墍，惟增其殘毀，以至轉而售之他人。」章炳麟《與劉光漢黃侃問答記》:「先正有垣，待吾儕而途墍也，蓋可自儇弁乎哉？」

【尋理】〖V.2P.1291〗① 探求。章炳麟《文學說例》:「短長諸策，實多口語，尋理本旨，無過數言。」

【弁冕】〖V.2P.1309〗② 泛指漢官服式。章炳麟《駁康有爲論革命書》:「辮髮瓔珞，非弁冕之服。」

【天毒】〖V.2P.1423〗② 指印度。章炳麟《訄書·平等難》:「天毒之俗，區人類爲四等。」

【天魔】〖V.2P.1452〗③ 泛指魔鬼。章炳麟《無神論》:「惡性既起，故不得不歸咎於天魔。」

【奇傀】〖V.2P.1525〗猶怪異。章炳麟《瑞安孫先生傷辭》:「炳麟素知平子性奇傀。」

【契令】〖V.2P.1533〗② 猶法令。章炳麟《秦獻記》:「商君既誅，契令猶在。」

【小弟】〖V.2P.1602〗③ 對年輕朋友的愛稱。章炳麟《獄中贈鄒容》詩:「鄒容吾小弟，被發下瀛洲。」

【史胥】〖V.3P.0049〗掌管文書的小吏。章炳麟《文學說例》:「若純出史胥，則語猶質直。」

【叫咷】〖V.3P.0071〗大喊；高呼。章炳麟《〈革命軍〉序》:「叫咷恣言，發其慚恚。」

【呆獃】〖V.3P.0199〗癡呆。章炳麟《新方言・釋言》:「今謂白癡爲誒詒，俗作呆獃。」

【哀隱】〖V.3P.0341〗猶惻隱。章炳麟《軍人貴賤論》:「此其心至哀隱，其行亦天下之至高也。」

【唉姐】〖V.3P.0371〗方言。祖母。章炳麟《新方言・釋親屬》:「湖南別謂祖母爲唉姐。」

【單篇】〖V.3P.0425〗① 僅存的篇籍。章炳麟《與鄧實書》:「小學既廢，則單篇摦落，玄言日微。」

【噩異】〖V.3P.0516〗驚異。章炳麟《代議然否論》:「尤而傚之，則人情亦不爲噩異矣。」

【謦欬】〖V.3P.0555〗猶教誡。章炳麟《瑞安孫先生傷辭》:「乃者先生不以炳麟寡昧，有所謦欬。」

【崩阤】V.3〖P.0838〗② 引申指敗壞。章炳麟《文學說例》:「六代之樂，今盡崩阤。」

【岩瀨】〖V.3P.0883〗猶山水。章炳麟《東夷》詩之四:「按項出門去，恣情逐岩瀨。」

【庋閣】〖V.3P.1209〗② 擱置。章炳麟《代議然否論》:「吾且庋閣民族主義而言代議之不可。」

【康梁】〖V.3P.1243〗② 清末戊戌變法的首要人物康有爲與梁啓超的並稱。章太炎《獄中》:「中歲主《時務報》，與康梁諸子委蛇，亦嘗言及變法。」

【宴安】〖V.3P.1484〗謂逸樂。《漢書・景十三王傳贊》:「是故古人以宴安爲鴆毒，亡德而富貴，謂之不幸。」宋蘇軾《策略》一:「臣嘗觀西漢之衰，其君皆非有暴鷙淫虐之行，特以怠惰弛廢，溺於宴安，畏朞月之勞，而忘千載之患，是以日趨於亡而不自知也。」明薛蕙《雜詩》：「宴安損性靈，美疢生膏肓。」章太炎《國家論》：「習於宴安，而肌骨不如昔日之堅定。」參見「宴安鴆毒」。

【微言】〖V.3P.1053〗④ 指秘密的計謀。章炳麟《駁康有爲論革命書》：「保國會之微言不箸竹帛，而入會諸公尚在。」

【實相】〖V.3P.1617〗② 眞相。章炳麟《駁康有爲論革命書》：「此正滿洲行政之實相也。」

【審正】〖V.3P.1628〗③ 猶審定。章炳麟《學變》：「蓋自魏武審正名法，鍾陳輔之，操下至嚴。」

【尺組】〖V.4P.0008〗② 指帶子。章炳麟《哀韓賦》：「孟賁不能輓其素車兮，兒說不能解其尺組。」

【弔】〖V.4P.0087〗至爲得當。章炳麟《駁神我憲政說》：「世俗所謂文明野蠻者，又非弔當之論也。」

【娓子】〖V.4P.0372〗妮子，幼女。章炳麟《新方言・釋親屬》：「山東謂幼女爲娓子，亦以稱婢兒。」

【球圖】〖V.4P.0567〗② 指國家。章炳麟《再與劉光漢書》：「人能弘道，而球圖由之不隊。」

【理董】〖V.4P.0573〗② 訂正；整理。王闓運《〈六書討原〉序》：「承學之士，未達六書以事意爲字形，誤轉注爲虛用。且許雖博訪，未求理董。」章炳麟《丁未與黃侃書》：「竊謂理董方言，在證明其難知者，不在疏舉其易曉者。」魯迅《墳・科學史教篇》：「（培庚）所述理董自然見象者凡二法：初由經驗而入公論，次更由公論而入新經驗。」

【本氐】〖V.4P.0706〗根本。章炳麟《駁神我憲政論》：「故馬氏亦傅會數論神我之說，以爲本氐。」

【杜造】〖V.4P.0751〗杜撰。章炳麟《新方言・釋言》：「今人謂虛造爲杜造，或曰杜撰。」

【東隅】〖V.4P.0845〗③ 指日本。章炳麟《韻文集自敘》：「余生殘清之季，逃竄東隅。」

【杵搏石】〖V.4P.0855〗搗衣石。章炳麟《新方言・釋器》：「平陽謂搗衣石爲杵搏石。搏亦搗也。」

【柁子】〖V.4P.0939〗① 方言。指臀部。章炳麟《新方言・釋形體》:「今山西寧武、朔平、大同之間謂臀曰柁子。」

【桀奴】〖V.4P.0988〗兇悍的奴僕。章炳麟《箴新黨論》:「然則新黨者政府之桀奴,學生者當途之順僕。」

【桯凳】〖V.4P.1039〗床前長凳。章炳麟《新方言・釋器》:「今淮南謂床前長凳爲桯凳。」

【椎愚】〖V.4P.1115〗愚笨。章炳麟《訄書・別錄一》:「滇府之師,非甚椎愚,不求其擾而狎也。」

【椹板】〖V.4P.1147〗切菜用的木板。章炳麟《新方言・釋器》:「今人謂切肉所藉木質爲椹板。」

【櫺】〖V.4P.1367〗③ 樓船。章炳麟《小學鉤沉》卷十八引《字書下》:「船上有屋者曰櫺。」

【狟狟】〖V.5P.0044〗威武貌。章炳麟《哀韓賦》:「國士狟狟爲干城兮,世族當路而茀之。」

【殂歿】〖V.5P.0155〗死亡。章炳麟《宋教仁哀辭》:「殂歿之夕,猶口念鄙生。」

【甄辨】〖V.5P.0293〗辨明。章炳麟《論式》:「甄辨性道,極論空有。」

【最觀】〖V.5P.0758〗綜觀。章炳麟《革命道德說》:「最觀上世之事,漢高與項氏戰,涉險被創,垂死數四。」

【會費】〖V.5P.0790〗團體對於會員所收的費用。章炳麟《亞洲和親會約章》:「集收會費若干,以充臨時費用。」

【暗曶】〖V.5P.0798〗猶言隱秘。章炳麟《訄書・哀清史》:「世祖大行,暗曶之事,吳偉業詩彰之。」

【沒成梱】〖V.5P.0983〗方言。謂無規格。章炳麟《新方言・釋言》:「浙西謂無規格曰沒成梱。」

【泔】〖V.5P.1049〗④ 食物放久而變味。章炳麟《新方言・釋器》:「今謂食久味變作泔。」

【況漢】〖V.5P.1084〗方言。稱哥哥。章炳麟《新方言・釋親屬》:「徽州黟縣稱兄爲況漢。」

【涅齒】〖V.5P.1210〗謂染黑牙齒。章太炎《駁康有爲論革命書》:「向使滿洲制服,涅齒以黛,穿鼻以金……而人亦安之無所怪矣。」

【涓壤】〖V.5P.1212〗猶涓埃。喻微小。章炳麟《代議然否論》：「於民權不增涓壤，又安用選舉之虛名爲？」

【淡而不厭】〖V.5P.1415〗① 指詩文恬淡而不乏味。章炳麟《辨詩》：「淡而不厭者陶潛，則王維可廢也。」

【溟池】〖V.6P.0042〗即溟海。北周庾信《謝滕王集序啓》：「溟池九萬里，無逾此澤之深；華山五千仞，終愧斯恩之重。」章炳麟《秋夜與黃侃聯句》：「安得窮石君，彈日淪溟池。」參見「溟海」。

【潐】〖V.6P.0141〗② 謂水盡。章炳麟《新方言・釋地》：「王念孫說：『高郵謂水盡爲潐。』」

【批】〖V.6P.0364〗⑫ 事物分次第之稱。章炳麟《新方言・釋言》：「或言事有先後第次則曰一批一批。」

【挏】〖V.6P.0558〗② 方言。自上擲下。章炳麟《新方言・釋言》：「福州謂自上擲下曰挏。」

【振肸】〖V.6P.0599〗奮發貌。章炳麟《鄒容畫像贊》：「顧雄姿之振肸，庶聖靈之想像。」

【摭拾】〖V.6P.0840〗① 收取；採集。唐柳宗元《裴瑾崇豐二陵集禮後序》：「自開元制禮，大臣諱避去《國恤》章……由是累聖山陵，皆摭拾殘缺，附比倫類，已乃斥去，其後莫能征。」《二刻拍案驚奇》卷十九：「國中二三新進小臣，逆料公主必危，寄華勢焰將敗，摭拾前過，糾彈一本。」清平步青《霞外攟屑・斠書・全唐文紀事》：「至評騭優劣，訓釋音義，辯證異同，見於唐以來各集，亦詳加摭拾。」劉師培《〈新方言〉後序一》：「餘杭章太炎適有《新方言》之作，方俗異語，摭拾略備。」

【摻手】〖V.6P.0848〗握手。章炳麟《獄中贈鄒容》詩：「臨命須摻手，乾坤只兩頭。」

【撼】〖V.6P.0907〗③ 用同「感」。感染。章炳麟《菌說》：「凡人有疾，其甚者由微生物撼之。」

【攀扶】〖V.6P.0950〗援引扶助。章炳麟《東夷詩》之六：「舊史雖茫昧，上國當攀扶。」

【擽撲】〖V.6P.0962〗方言。拳擊。章炳麟《新方言・釋言》：「杭州謂拳擊爲擽撲。」

【攝受】〖V.6P.0972〗② 猶享受。章炳麟《五無論》:「佛說郁單越洲人，無妻妾田宅車馬財物資具諸攝受，清寧耆壽，殊勝三洲。」章炳麟《五無論》:「有所暱愛則妬生，有所攝受則爭起。」

【胡侜】〖V.6P.1211〗胡謅。章炳麟《新方言・釋言》:「今人謂妄語爲侜誑，或曰胡侜，俗作謅。」

【款空】〖V.6P.1446〗空洞，空疏。章炳麟《駁神我憲政說》:「今其持論款空，徒爲侈大。」

【彀張】〖V.6P.1495〗猶擴張。章炳麟《駁神我憲政說》:「由家族而部落，由部落而國家，特彀張使大耳。」

【火馳】〖V.7P.0016〗② 謂很快地消逝。章炳麟《訄書・顏學》:「此其業不火馳乎？其學術不已憔顇乎？」

【炸】〖V.7P.0052〗③ 用火烤乾。章炳麟《新方言・釋器》:「今人以火乾物而無水者曰炸。」

【焦嶢】〖V.7P.0168〗② 喻才能傑出。章炳麟《哀韓賦》:「惟放勳之焦嶢兮，四凶終其天祿。」

【燕寢】〖V.7P.0296〗③ 指臥室。章炳麟《蘄黃母銘》:「以六月十日日昳，卒於燕寢。」

【斗子】〖V.7P.0325〗② 僕役。章炳麟《新方言・釋言二》:「淮西稱僮僕爲斗子。」

【斗絕】〖V.7P.0329〗③ 猶懸殊。章炳麟《訄書・定版籍》:「夫貧富斗絕者，革命之媒。」

【志榦】〖V.7P.0401〗意志堅強。章炳麟《〈大乘起信論〉辯》:「是乃怯弱下劣之言，非是大人志榦之說。」

【息子】〖V.7P.0501〗② 方言。稱曾孫。章炳麟《新方言》附《嶺外三州語》:「三州謂曾孫曰息子。」

【恣妄】〖V.7P.0505〗肆意妄爲。章炳麟《革命之道德》:「清淳樸質之氣既亡，而驕橫恣妄之風以起。」

【恒則】〖V.7P.0516〗固定的法則。章炳麟《文學總略》:「《〈文選〉序》率爾之言，不爲恒則。」

【憭解】〖V.7P.0735〗瞭解。章炳麟《賓柴說》:「余以『賓柴』故訓，後人莫能憭解，非無義也。」

【碩岸】〖V.7P.1079〗魁梧。章炳麟《訄書・原變》:「浸益其智，其變也侗長碩岸而神明。」

【磬子】〖V.7P.1097〗方言。剛才。章炳麟《新方言・釋詞》:「蘄州謂適才爲磬子。」

【眼眵】〖V.7P.1217〗眼器官的黃色分泌物。章炳麟《新方言・釋形體》:「今人謂眼中凝汁爲眼眵。」

【生支】〖V.7P.1489〗猶身軀。章炳麟《五無論》:「露生支而行者，則人人舉以爲羞。」

【稱名】〖V.8P.0113〗③ 稱號。章炳麟《文學說例》:「若乃雅俗稱名，新故雜用，是寧有厲禁耶？」

【稿薦】〖V.8P.0128〗用稻草編成的墊褥。章炳麟《新方言・釋器》:「稿秸之席曰草薦，揚州謂之稿薦。」

【白質】〖V.8P.0208〗② 指蛋白質。章炳麟《菌說》:「他如卵中白質，未出之雛，足以自養。」

【瘍微】〖V.8P.0336〗潰瘍。喻腐朽的現象。章炳麟《東夷詩》之一:「家家懷美疢，肝間生瘍微。」

【站眙】〖V.8P.0380〗久立而不行走。章炳麟《新方言・釋言》:「今淮南稱久立不前曰站眙。」

【究度】〖V.8P.0407〗計算；查考。章炳麟《訄書・序種姓下》:「其餘回種，亦日以蕃息，不可究度。」

【窕名】〖V.8・P.0444〗猶虛名。章炳麟《與羅振玉書》:「外交不求其實，窕名況乎域中，更相寵神，日繩其美，甚無謂也。」

【窮朔】〖V.8P.0466〗極北之地。泛指北方。章炳麟《西歸留別中東諸君子》詩:「吾衰久矣夫，白日曀窮朔。」

【皮篋】〖V.8P.0519〗用皮革做的手提包。章炳麟《新方言・釋器》:「皮篋可提持者爲皮包。」

【痛】〖V.8P.0352〗② 小兒面腫。章炳麟《新方言・嶺外三州語》:「三州謂小兒腫面爲痛。」

【耆獻】〖V.8P.0642〗猶耆宿。章炳麟《東夷詩》之四:「策杖尋其聲，耆獻方高會。」

【虐饕】〖V.8P.0812〗殘暴而貪婪。章炳麟《討滿洲檄》:「奴酋背誕忘德，恣其虐饕，職貢無時。」

【蠻紇恒】〖V.8P.1012〗方言。養子。章炳麟《新方言・釋親屬》:「山西平陽謂養子曰蠻紇恒。」

【罪】〖V.8P.1028〗① 捕魚竹網。泛指羅網。《詩・小雅・小明》:「豈不懷歸，畏此罪罟。」馬瑞辰通釋:「《說文》: 罪，捕魚竹網；罟，網也。秦始以罪易辠。維此詩罪罟二字平列，猶云網罟。與下章『畏此譴怒』『畏此反覆』語同。」《莊子・寓言》:「若參者可謂無所縣其罪乎？」章炳麟《三與黃侃書》釋此句曰:「通以今語，猶云無所絓其罔。以利祿爲纓紼，或言罔羅，斯本恒語。」

【箋奏】〖V.8P.1191〗同「牋奏」。古代文書的一種，屬章奏一類。章太炎《駁中國用萬國新語說》:「漢世制詔三王，其冊書猶眞草兼具，豈況符契箋奏之書，日不暇給，則何取端書分隸？」

【篇題】〖V.8P.1218〗篇章的標題。章炳麟《文學說例》:「前世著述，篇題多無義例。」

【袀壹】〖V.9P.0045〗純一。章炳麟《訄書・尊史》:「丘壤世同，賓萌世異，而民始不袀壹。」

【裏享】〖V.9P.0078〗方言。內，裏邊。章炳麟《新方言・釋詞》:「蘇州謂內曰裏享。音如向，本鄉字也。」

【褓被】〖V.9P.0116〗小兒被。章炳麟《新方言・釋器》:「今淮南謂小被爲褓被。」

【襄】〖V.9P.0127〗③ 引申爲平定。章炳麟《魏武帝頌》:「出車而獯狁襄，戎衣而關洛定。」

【羵羊】〖V.9P.0193〗古代傳說謂土中所生的精怪。《國語・魯語下》:「季桓子穿井，獲如土缶，其中有羊焉。使問之仲尼曰:『吾穿井而獲狗，何也？』對曰:『以丘之所聞，羊也。丘聞之: 土之怪，曰羵羊。』」章炳麟《遊仙・與黃侃聯句》:「羵羊出深井，魯道棼難修。」參見「墳羊」。

【精塙】〖V.9P.0225〗精密確切。章炳麟《說林下》:「其言精塙，或出近世諸師上。」

【肆】〖V.9P.0244〗⑱ 表示程度。極；甚。參見「肆好」。參閱章炳麟《新方言・釋詞》。

【菸黃】〖V.9P.0450〗萎黃；枯萎。章炳麟《董逃歌》：「眇我一朝菌，晦朔徒菸黃。」

【習識】〖V.9P.0650〗② 熟知。章炳麟《訄書・訂孔》：「雅聲、舊文、舊器，三代所用，人間習識。」

【翼鬲】〖V.9P.0679〗同「翼翮」。章炳麟《訄書・官統下》：「震來虩虩，無喪翼鬲。」

【繁鄭】〖V.9P.0989〗猶繁重。章炳麟《訄書・訂文》附《正名雜義》：「此於儷辭，固傷繁鄭。」

【縮衄】〖V.9P.1010〗壓縮。章炳麟《代議然否論》：「藉令通選不足以得材士，又縮衄之而爲限選。」

【起花頭】〖V.9P.1092〗謂玩弄手腕。章炳麟《新方言・釋言》：「今人謂人狡獪弄術曰起花頭。」

【越】〖V.9P.1109〗⑤ 輕捷；敏疾。章炳麟《頂羯羅君頌》：「高材越足，士女所歸。」參見「越勁」。

【趫趫】〖V.9P.1154〗矯捷馳驟貌。章炳麟《感舊》詩：「趫趫雙神駿，孑孑羊腸路。」

【軵靡】〖V.9P.1238〗附麗，依附。章炳麟《訄書・學蠱》：「淫文破典，軵靡者眾。」

【軏戾】〖V.9P.1238〗謂大相違反。章炳麟《代議然否論》：「若分爲聯州耶，此土情勢即又與美軏戾。」

【輓世】〖V.9P.1281〗近代。章炳麟《訄書・方言》：「中國之燕樂，輓世以南曲爲安雅。」

【酲煩】〖V.9P.1408〗困乏煩悶。章炳麟《鄒容畫像贊》：「酲煩兮，海鳥欲飛而無羽翼。」

【醋母】〖V.9P.1416〗② 用以釀製醋酸的酵母。胡漢民《〈民報〉之六大主義》：「即亟亟然襲用歐美之憲章成法，而惡劣亦如故。章太炎比之醋母之無投不酸，得其例耳。」

【豦蜼】〖V.10P.0024〗猿猴。章炳麟《訄書・原變》：「故知人之怠用其智力者，萎廢而爲豦蜼。」

【負下】〖V.10P.0064〗② 不如，不及。章炳麟《與羅振玉書》：「頃世學者不諭其意，以東國彊梁，貤美於其學術，得懱截小善，輒引之爲馳聲譽，自孫仲容諸大儒，猶不脫是，況其稍負下者？」

【負職】〖V.10P.0078〗失職。章炳麟《與羅振玉書》:「身在大學，爲四方表儀，不務求山谷含章之士，與之商略，而惠與九能馳騁，已稍負職。」

【重煩】〖V.10P.0393〗沉重而繁多。章炳麟《文學總略》:「古者，簡帛重煩，多取記憶。」

【跳走】〖V.10P.0465〗逃跑。章炳麟《訄書・官統下》:「八國比合，以陷宛平，其主跳走。」

【蹴鞠】〖V.10P.0554〗② 指近代的足球運動。章炳麟《焦達峰傳》:「持論剛斷，不苟言，競走蹴鞠皆兼人。」

【迾】〖V.10P.0769〗② 引申爲禁止。章炳麟《訄書・官統下》:「故除吏者無避本省，亦無迾遠。」

【逴絕】〖V.10P.0953〗絕遠。章炳麟《新方言・釋言》:「山西謂絕遠曰逴絕。」

【逿倒】〖V.10P.1029〗方言。謂後仰跌倒。章炳麟《新方言・釋言》:「今謂失據後偃爲逿倒，逿音如倘。」

【遴難】〖V.10P.1229〗猶艱難。章炳麟《新方言・釋言》:「今通謂人行止遴難，言語蹇澀爲杜。」

【詑謾】〖V.11P.0117〗欺騙。章炳麟《訄書・哀清史》:「曩者獨有鹽、漕、河三政，詑謾泰甚。」

【誨正】〖V.11P.0235〗教誨指正。章炳麟《與孫仲容書》:「前書闕失尚多，先生有所誨正，幸即見示。」

【誒詒】〖V.11P.0258〗② 白癡。章炳麟《新方言・釋言》:「今謂白癡爲誒詒，俗作呆獃。」

【諸於】〖V.11P.0266〗② 泛指婦人裝束。章炳麟《無題》詩:「威儀已歎漢官消，繡踞諸於足自聊。」

【諸趣】〖V.11P.0272〗佛教語。六道輪迴的別稱。佛教的輪迴說認爲人死後神識進入輪迴各道。由於自我善惡業力的不同，在六道中升降浮沉。《楞伽經》卷四:「墮生死海諸趣曠野，如汲井輪。」章太炎《菌說》:「六道升降，由於志念進退，其說亦近，而所化者乃其胤胄，非如佛家謂靈魂墮入諸趣也。」

【論】〖V.11P.0287〗⑭ 相貌。《莊子・在宥》:「頌論形軀，合乎大同，大同而無己。」陳鼓應今注:「章太炎云:『論，與類可互借。』《廣雅》云:『類，像也。』像即貌也。故『頌論形軀』，爲容貌形軀之意。」

【論饕】〖V.11P.0296〗論著。章炳麟《秦獻記》:「爛然有文采論饕者:三川有成公生，與黃公同時。」

【謂】〖V.11P.0342〗⑬ 當；合適。章太炎《三與黃侃書》:「漢孝景皇帝詔曰:『有罪者不伏罪，奸法爲暴，甚無謂也！』又曰:『縣丞，長吏也，奸法與盜盜，甚無謂也！』諸言無謂者，猶云『不當』。」

【諼言】〖V.11P.0346〗虛浮不實的言辭。章炳麟《與鄧實書》:「皋文、滌生，尙有諼言，虛非修辭立誠之道。」

【譟變】〖V.11P.0446〗嘩變。章炳麟《中華民國解》:「遷怒貤憎及於漢族吏治，稍有不適，則譟變隨之。」

【讒誹】〖V.11P.0470〗讒言誹謗。章炳麟《訄書・商鞅》:「商鞅之中於讒誹也二千年，而今世爲尤甚。」

【闒】〖V.11P.0491〗陋儒。章炳麟《諸子學略說》:「不知譁眾取寵，非始闒儒，即孔子固已如是。」

【辯智】〖V.11P.0512〗③ 聰明才智。章炳麟《諸子學略說》:「曲語牟知，僞詐之民也，而世尊之曰辯智之士。」

【震詫】〖V.11P.0694〗驚異。章炳麟《贈大將軍鄒君墓表》:「兩造爭漢虜曲直於上海知縣前，聞者震詫。」

【雝蔽】〖V.11P.0898〗蒙蔽；遮蓋。雝，通「壅」。章炳麟《再與劉光漢書》:「僕豈有雝蔽之志哉！」

【陗覈】〖V.11P.0984〗嚴峻苛刻。章炳麟《訄書・哀清史》:「田文鏡之陗覈，天下稱其酷吏。」

【陖陗】〖V.11P.0993〗③ 湍急。章炳麟《人灘說》:「人灘者，水至陖陗，南岸有青石，夏沒冬見。」

【陵厲】〖V.11P.1004〗④ 氣勢猛烈。章炳麟《夏口行》詩:「朔風忽陵厲，白露轉爲霜。」

【隃邇】〖V.11P.1079〗遠近。章炳麟《訄書・定律》:「愚以爲震旦之地，隃邇若一家。」

【鉅寶】〖V.11P.1214〗② 重寶。章炳麟《文學說例》:「以雜沙之金，銜石之玉爲鉅寶也。」

【鉤汲】〖V.11P.1240〗探索吸取。章炳麟《〈訄書・哀清史〉附・中國通史略例》:「鉤汲眢沉，以振墨守之惑。」

【鞔鞵】〖V.12P.0196〗③ 以革補（履）。章炳麟《新方言・釋器》：「今人謂以革補履頭爲鞔鞵。」

【顯】〖V.12P.0368〗⑨ 更代；子孫相繼。《書・康誥》：「於弟弗念天顯，乃弗克恭厥兄。」孫星衍疏：「顯者，《釋詁》云：『代也。』天顯，謂兄於天倫有代父之道。」章炳麟《三與黃侃書》：「《釋詁》：『顯，代也。』因念《周頌》言：『不顯不承，無射於人斯。』《大雅》言：『凡周之士，不顯亦世。』『顯』並訓代……有代之者，有嗣之者，故得無射，有代之者，故得奕世也。」

【體】〖V.12P.0411〗㊶ 特指聲母。章炳麟《國故論衡》：「收聲稱勢，發聲稱體，遠起齊梁間矣。」

【駉馳】〖V.12P.0832〗驅馳。章炳麟《安君頌》：「君自遠道，詰旦駉馳。」

【鶩傑】〖V.12P.0866〗猶豪傑。章炳麟《封建考》：「收天下之鶩傑，聚天下之稱材。」

【黃素】〖V.12P.0986〗③ 引申指檄文。章炳麟《時危》詩之二：「懷中黃素聲猶厲，酒次青衣淚未收。」

【魚薄】〖V.12P.1198〗方言。魚笱。章炳麟《新方言・釋器》：「今浙江謂魚笱爲魚薄，音如簿。」

【鮭泡】〖V.12P.1219〗方言。河豚。章炳麟《新方言・釋動物》：「（河豚）廣東香山謂之鮭泡。」

*　　　　　　*　　　　　　*

太炎先生平生用功甚勤，手抄秘本數十冊。劉禺生《世載堂雜憶・近代學者軼事》云：

> 凡著述大家，皆有平生用功夾帶，手鈔秘本，匿不示人。毛大可〖毛奇齡，字大可，稱西河先生。〗夫人曰：「汝以毛三爲有學問乎？皆實獺祭來也。」謂從秘本脫畫出之耳。陳散老作詩，有換字秘本，新詩作成，必取秘本中相等相似之字，擇其合格最新穎者，評量而出之，故其詩多有他家所未發之言。予與鶴亭在廬山松門別墅久坐，散老他去，而秘本未檢，視之，則易字秘本也。如「騎」字下，縷列「駕」、「乘」等字類，予等亟掩卷而出，懼其見也。章太炎有手抄秘本數十冊，蠅頭小楷，極精善，皆漢、魏以前最好文調，故其作文，淵雅古茂，有本原也；在北京爲予等發見，幾致用武。一日，太炎爲人作文，末有「是眞命也夫，君子。」予等曰：「先

生雖套用四書『吾知勉矣夫，小子』，究從先生秘本中得來。」太炎怒目相視。

總之，章太炎把死字激活，胡適之把活字整死；章太炎比古人還古，胡適之比洋人還洋。胡適之以死活論文字與文學，終成土苴而已。

《漢語大詞典》引用黃侃資料輯錄
——「知識生成史」筆記之二

【佻】〖V.1P.1339〗懸掛。《方言》第七：「佻，縣也。趙魏之間曰佻……燕趙之郊縣物於臺之上謂之佻。」郭璞注：「了佻，縣物貌。」章炳麟《新方言・釋言》：「縣也，此即今人所謂佻者。」《黃侃論學雜著・蘄春語》：「《方言》七：『佻，縣也』……案今吾鄉亦有此語。字作弔、釣者多，音多嘯切。」

【化聲】〖V.1P.1116〗① 指各種論辯是非的言論。《莊子・齊物論》：「化聲之相待，若其不相待。」郭象注：「是非之辯爲化聲。」郭慶藩集釋引郭嵩燾曰：「言隨物而變，謂之化聲。」南朝宋何承天《又答宗居士書》：「徒爲化聲之辯，竟無明於眞知。」黃侃《新方言・後序二》：「夫別國之語其緐，而化聲之情多變。」

【厏】〖V.1P.0918〗同「窄」。《字彙・廠部》：『厏，狹也。」黃侃《蘄春語》：「今吾鄉恒語：淺房窄屋，字或作厏。」

【卓躒】〖V.1P.0852〗卓犖。超絕出眾。漢孔融《薦禰衡表》：「淑質貞亮，英才卓躒。」《晉書・張載傳》：「若夫魁梧儁傑，卓躒俶儻之徒，直將伏死嶔岑之下，安能與步驟共爭道里乎！」黃侃《禮學略說》：「自唐已後，歷宋至元，禮學之書，亦可謂多矣。舉其卓躒殊特，爲治《禮》者所必宜參稽，則亦可數也。」

【亞】〖V.1P.0541〗⑪ 謂前後依次承接。《隸釋・漢費鳳別碑》：「世德襲爵，銀艾相亞。」謂排列有序。元白樸《梧桐雨》第三折：「齊臻臻雁行班排，密匝匝魚鱗似亞。」黃侃《〈新方言〉後序》：「咸淩亂失次，嘖而不亞。」

【用人】〖V.1P.1022〗② 使用的人。漢桓寬《鹽鐵論・錯幣》:「夫鑄僞金錢以有法，而錢之善惡無增損於故。擇錢則物稽滯，而用人尤被其苦。」王利器校注引黃侃曰:「『用人』當作『用者』解。」

【主言】〖V.1P.0698〗② 以記載言論爲主。南朝梁劉勰《文心雕龍・書記》:「大舜云：書用識哉！所以記時事也。蓋聖賢言辭，總爲之書，書之爲體，主言者也。」黃侃箚記:「傳其語言謂之書。」

【埻】〖V.2P.1129〗② 標準。黃侃《禮學略說》:「此皆有成書，可以爲埻。」

【壯】〖V.2P.1066〗通「戕_1」。傷。《漢書・敘傳下》:「安國壯趾，王恢兵首，彼若天命，此近人咎。」顏師古注:「壯，傷也。趾，足也。直謂墮車蹇耳，不言不宜征行也。」黃侃《論學雜著・蘄春語》:「《方言》三:『凡草木刺人，北燕、朝鮮之間謂之茦，或謂之壯。』注:『今淮南人亦呼壯；壯，傷也。』案吾鄉謂刀刃微傷，如剃髮見血之類，曰打壯子；音初兩切，或諸兩切。」

【創始】〖V.2P.0728〗開創；創建。晉陸機《羽扇賦》:「夫創始者恒樸，而飾終者必妍。」宋曾鞏《太祖皇帝總敘》:「維太祖創始傳後，比跡堯舜，綱理天下，軼於漢祖，太平之業，施於無窮，三代所不及。」清王韜《興利》:「總之，事當創始，行之維艱，惟能不惑於人言，始能毅然而爲之耳。」黃侃《〈新方言〉後序》:「雖日不暇給，慮有遺剩，創始之業，規摹已閎，所謂知化窮冥，無得而稱者也。」如：不要忘了前人創始之功。

【寽】〖V.2P.1250〗「捋」的古字。黃侃《蘄春語》:「寽，後出字爲捋。」按，李燾本、徐鍇《韻譜》、《集韻》、《類篇》、《六書故》並作「五指捋也。」見桂馥《說文義證》。「鋝」的古字。殷商重量單位。

【墈】〖V.2P.1187〗① 高陡的堤岸。黃侃《蘄春語》:「《廣韻》去聲五十三勘云:『岩岸之下。古紺切。』今吾鄉有此語，字作墈，音同《廣韻》。」李欣劉華《毛田路上》:「西嶺中，壘石砌墈修渠道。」

【袁】〖V.2P.1106〗① 衣長貌。《說文・衣部》:「袁，長衣皃。」黃侃《蘄春語》:「(袁) 俗字作褤、䙅，皆見《集韻》吾鄉或謂長褂（即衫子）爲長䙅，讀王眷切；閭里書師所作七言雜字云：絮袴綿襖青長䙅，是也。」

【壩】〖V.2P.1103〗② 以稱平坦的地方。宋黃庭堅《謝楊履道送茄》詩：「君家水茄白銀色，殊勝壩裏紫彭亨。」黃侃《蘄春語》:「吾鄉謂地之平迤者，曰壩……亦並作壩。」

【卵】〖V.2P.0527〗⑦ 泛指男性生殖器。黃侃《蘄春語》:「更引申之，則陽道亦爲卵。」《廣韻・上聲卅四果》:「卵，郎果切。吾鄉呼男子陰器正作此音，而呼睾丸爲卵，仍力管切。」

【尊】〖V.2P.1280〗① 尊貴；高貴。《荀子・正論》:「天子者，勢位至尊。」唐韓愈《讀〈荀〉》:「始吾讀孟軻書，然後知孔子之道尊。」清陳澧《東塾讀書記・小學》:「《說文》有說轉義不及本義者，舉『尊』字酒器（爲例）……本義是尊卑之尊。」黃侃《文字聲韻訓詁筆記・訓詁》:「其一，但說字形之誼而不及本誼。如『尊，酒器也……』是也。夫酒器所以名爲尊者，奉酒以所尊故也。是尊卑之義在前，乃『尊』字之本誼。」引申爲高。《易・繫辭上》:「天尊地卑，乾坤定矣。」虞翻注:「天貴，故尊；地賤，故卑。」《周禮・考工記・輪人》:「十分寸之一謂之枚，部尊一枚。」鄭玄注:「尊，高也。蓋斗上隆高，高一分也。」賈公彥疏:「高者必尊，故尊爲高也。」

【叫叫】〖V.3P.0070〗① 遠聲。《漢書・揚雄傳下》:「大味必淡，大音必希；大語叫叫，大道低回。」顏師古注:「叫叫，遠聲也。」唐柳宗元《湘口館瀟湘二水所會》詩:「杳杳漁父吟，叫叫羈鴻哀。」一說，叫，通「噭」。黃侃《讀〈漢書〉〈後漢書〉劄記》:「大語叫叫，叫讀爲噭。楚謂小兒泣不止曰噭咷。此謂大語聲反小也。」

【合聲】〖V.3P.0159〗④ 謂合二字成一字之音。《四庫全書總目提要・音韻闡微》:「國書十二字頭用合聲相切，緩讀則爲二字，急讀則爲一音，悉本乎人聲之自然。證以《左傳》之丁寧爲鉦，句瀆爲谷；《戰國策》之勃蘇爲胥。於三代古法亦復相協。」黃侃《聲韻略說》:「合聲即反語，謂合二字急疾呼之以成聲。」參見『反切』。

【師】〖V.3P.0719〗仿傚，效法。唐劉知幾《史通・模擬》:「譙周撰《古史考》，思欲擯抑馬《記》，師放孔《經》，其書李斯之棄市也，乃云秦殺其大夫李斯。」黃侃《論學雜著・禮學略說》:「朱子《儀禮經傳通解》欲以通禮之倫類，後之《禮書綱目》、《五禮通考》、《禮經釋例》，皆師放而爲之。」

【師承】〖V.3P.0719〗《後漢書・儒林傳序》:「若師資所承，宜標名爲證者，乃著之云。」後以「師承」指學術、技藝上的一脈相承。宋宋祁《宋景文公筆記・考古》:「王弼注《易》，直發胸臆，不如鄭玄等師承有來也。」王闓運《曾孝子碑文》:「少無師承，能自得師，信道執德，秉志不回。」黃侃《論學雜著・禮學略說》:「今文、古文，往往差異，姑置勿談；即同一師承，立說亦復不齊壹。」

【庋置】〖V.3P.1209〗收藏；擱置。晉袁宏《後漢紀・靈帝紀上》:「明旦殺雞作食，泰謂之爲己也。容分半食母，餘半庋置，自與泰素飡。」明李東陽《永嘉縣學奎光閣記》:「積書數千卷，庋置其中，以資講誦，博聞見。」黃侃《漢唐玄學論》:「然其中精理名言，紛紜揮霍，未可庋置而不談也。」

【守宮】〖V.3P.1302〗④ 槐樹的一種。清納蘭性德《臨江仙・謝餉櫻桃》詞:「綠葉成陰春盡也，守宮偏護星星。」黃侃《爾雅略說・論清儒爾雅之學下》:「槐爲守宮，榮原亦名守宮。」參見「守宮槐」。

【官】〖V.3P.1386〗② 即官話。清李漁《閒情偶寄・演習・脫套》:「花面聲音，亦如生旦外末，悉作官音。」黃侃《音略》:「官音者，今所謂普通之音也。」

【弘】〖V.4P.0102〗③ 廓大；光大。《書・康誥》:「汝惟小子，乃服惟弘王，應保殷民。」孔傳:「惟弘大王道。」《論語・衛靈公》:「人能弘道，非道弘人。」南朝梁沈約《齊故安陸王碑文》:「弘義讓以勖君子，振平惠以字小人。」唐楊巨源《上劉侍中》詩:「一言弘社稷，九命備珪璋。」黃侃《〈新方言〉後序二》:「惟餘杭章先生，生千載之季，直諸夏之微，息肩東夷，弘此絕業。」

【玉人】〖V.4P.0471〗③ 容貌美麗的人。《晉書・衛玠傳》:「(玠) 年五歲，風神秀異……總角乘羊車入市，見者皆以爲玉人，觀之者傾都。」南朝宋劉義慶《世說新語・容止》:「(裴楷) 粗服亂頭皆好，時人以爲玉人。」後多用以稱美麗的女子。唐元稹《鶯鶯傳》:「隔牆花影動，疑是玉人來。」前蜀韋莊《秋霽晚景》詩:「玉人襟袖薄，斜憑翠欄干。」宋謝逸《南歌子》詞:「畫樓朱戶玉人家，簾外一眉新月、浸梨花。」清蒲松齡《聊齋誌異・魯公女》:「睹卿半面，長繫夢魂；不圖玉人，奄然物化。」黃侃《無題》詩:「春晚垂楊映畫樓，玉人微撥鈿箜篌。」

【屬草】〖V.4P.0066〗猶起草。《史記・屈原賈生列傳》:「懷王使屈原造爲憲令，屈平屬草稿未定，上官大夫見而欲奪之。」宋曾鞏《司封郎中孔君墓誌銘》:「其書奏謀議，皆君爲屬草稿。」亦省作「屬草」。明陳汝元《金蓮記・詩案》:「屬草雖由不肖，設謀實出恩臺。」清戴名世《先君序略》:「其爲文不屬草，步階前數回即落筆。」黃侃《〈聯綿字典〉敘》:「檢書屬草，訖未假手於人。」

【棬】〖V.4P.1007〗拴牛鼻子的器物。用小鐵環或兩端較粗中間略細的小木棍做成。《說文・木部》:「棬,牛鼻中環也。」《黃侃論學雜著・蘄春語》:「棬……今吾鄉猶有此語,以木作之,兩端略巨,防其挩,中綱之,繫繩焉。」

【本】〖V.4P.0703〗⑮ 探究,推原。《管子・正世》:「古之欲正世調天下者,必先觀國政,料事務,察民俗,本治亂之所生,知得失之所在,然後從事。」南朝梁劉勰《文心雕龍・議對》:「仲舒之對,祖述《春秋》,本陰陽之化,究列代之變。」黃侃《〈新方言〉後序》:「令古文隱誼,悉得符諭於茲。閭巷猥仳、文士不道之言,本之皆合於《說文》、《爾雅》。」

【棖】〖V.4P.1073〗③ 支柱。《南齊書・魏虜傳》:「以繩相交絡,紐木枝棖,覆以青繒,形制平圓,下容百人坐,謂之為『傘』,一云『百子帳』也。」黃侃《蘄春語》:「今吾鄉謂門後邪柱,一端當門中,一端鐏地者,曰門棖。」

【學鳩】〖V.4P.0249〗即鷽鳩。小鳩。學,通「鷽」。《莊子・逍遙遊》:「蜩與學鳩笑之。」陸德明釋文引司馬彪云:「學又本作『鷽』,音同……學鳩,小鳩也。」黃侃《效庾子山詠懷》詩:「學鳩終控地,鳳皇猶在笯。」

【梘水】〖V.4P.1039〗用竹梘通水。黃侃《論學雜著・蘄春語》:「今吾鄉以竹通水,曰梘水;其器,曰梘。」

【楬明】〖V.4P.1177〗猶標明,揭示。黃侃《〈說文〉略說・論〈說文〉所依據上》:「《說文》之為書,蓋無一字、無一解不有所依據……其說解不見它書者,由它書既不盡用本字,則本義亦無由楬明也。」

【樬】〖V.4P.1193〗尖頭扁擔。《廣韻・平東》:「樬,尖頭擔也。」黃侃《蘄春語》:「今蘄州謂擔束薪之器,曰樬擔,音正同《廣韻》。」

【樘】〖V.4P.1272〗② 引申為抵拒,支撐。黃侃《論學雜著・蘄春語》:「其用力支持謂之樘,病而強起亦謂之樘。」參見「樘柱」。

【樘柱】〖V.4P.1272〗抵制。黃侃《論學雜著・漢唐玄學論》:「又上推之,《祭義》明言:鬼神即魂魄,魂魄即形神。是吾土至言,本主張無鬼之論;范(范縝)則代表儒生,以樘柱異教,宜無罪焉爾。」

【冒】〖V.5P.0665〗謂連鬢鬍鬚。一說,頭著巾而鬚長。古以指西域人。《後漢書・章帝紀》:「沙漠之北,葱領之西,冒耏之類,跋涉懸度……咸來助祭。」李賢注:「《字書》曰:『耏,多鬚貌,音而。』言鬚鬢多,蒙冒其面。或曰,西域人多著冒而(鬚)長,故舉以為言也。」黃侃《讀〈漢書〉〈後漢書〉箚記》:「冒,蠻夷頭衣;耏即而,鬚髯也,今西夷皆可以此呼之。」

【曹】〖V.5P.0729〗⑦ 等輩；儕類；同類。《呂氏春秋・知度》：「枉辟邪撓之人退矣，貪得僞詐之曹遠矣。」《後漢書・班超傳》：「卿曹與我俱在絕域。」李賢注：「曹，輩也。」宋文同《東丘老人》詩：「其言與人亦如此，老人無乃斯人曹。」黃侃《〈說文〉略說》：「是諸字者，亦此曹意中之會意字也。」

【甄探】〖V.5P.0292〗鑒別採用，選擇採用。《宋史・選舉志一》：「其屢不中科則衰邁而無成……故常數之外特爲之甄採。」清曾國藩《〈湖南文徵〉序》：「茲編所錄，精於理者，蓋十之六，善言情者，約十之四，而駢體亦頗有甄採。」黃侃《漢唐玄學論》：「此時道家言論可供甄採者，良堇堇也。」

【淵棷】〖V.5P.1487〗比喻事物會集處。棷，藪澤。黃侃《論學雜著・禮學略說》：「衛湜《禮記集說》，博求諸家零篇碎簡，收拾略遍；即抵排鄭孔而援據明白者，亦併入甄錄；或云微傷於繁，亦不硋爲說《禮》之淵棷也。」

【泯】〖V.5P.1110〗③ 混合；混淆。唐白居易《和知非》：「禪能泯人我，醉可忘榮悴。」宋陳亮《戊申再上孝宗皇帝書》：「泯其喜怒哀樂，雜其是非好惡。」黃侃《論聲韻條例古今同異上》：「（錢竹汀）云古舌、齒互通，泯五聲之大介。」

【濬】〖V.5P.1292〗⑨ 即葰。今名芫荽。漢桓寬《鹽鐵論・散不足》：「濬茈蓼蘇。」王利器校注引黃侃曰：「濬即『葰』。」

【溝】〖V.6P.0001〗⑧ 指山衝。黃侃《蘄春語》：「今吾鄉謂兩山之間，狹長中容居人，曰池，曰溝；讀古侯切。地之以溝名者，甚多。」

【拓墨】〖V.6P.0441〗① 拓取碑刻或器物上的文字、花紋、因用墨色，故稱。黃侃《說文略說・論說文所依據下・字體之依據》：「當時拓墨之法未興，許君未必能遍見，故《說文》中絕無注出某彝器者。」

【抱腹】〖V.6P.0493〗① 即兜肚。《釋名・釋衣服》：「抱腹，上下有帶，抱裹其腹，上無襠者也。」黃侃《蘄春語》：「抱腹，亦橫陌腹而上無襠，婦人用之，北京語所謂『主腰』也。」

【披廈】〖V.6P.0527〗正屋旁依牆所搭的小屋。《醒世姻緣傳》第三五回：「他把侯小槐的一堵界牆作了自己的，後面蓋了五間披廈。」黃侃《蘄春語》：「吾鄉謂於正室旁依牆作屋，斜而下，其外更無壁者，曰披廈。」

【指意】〖V.6P.0582〗① 旨意，意向。《史記・魯仲連鄒陽列傳論》：「魯連其指意雖不合大義，然余多其在布衣之位，蕩然肆志，不詘於諸侯，談說於當世，折卿相之權。」宋蘇轍《論黃河東流劄子》：「臣觀其指意，雖名爲減水，其實暗作回河之計也。」清方苞《與陳密旃書》:「凡善伺上官指意，而操下如束濕薪者，皆此類也。」黃侃《禮學略說》:「於是提其綱維，撮其指意，其言著略，故曰略說。」

【腯腯】〖V.6P.1353〗肥胖結實的樣子。黃侃《蘄春語》:「今吾鄉語狀小兒肥盛，曰胖腯腯。」《中國諺語資料・一般諺語》:「人害人，肥腯腯；天害人，一把骨。」按，《方言》第十三「腯也」晉郭璞注：「腯腯，肥充也。」

【贏朒】〖V.6P.1407〗猶言贏縮，贏餘與不足。《後漢書・律曆志下》:「然後雖有變化萬殊，贏朒無方，莫不結繫於此而稟正焉。」明唐順之《贈竹嶼呂通判還郡序》:「裁補乎官私贏朒，而操縱乎貧富予奪。」黃侃《哀貧民》:「若夫握籌算而計贏朒，逐奸利而獲上賞，不富其鄰，厚自封殖者，舉負者之蝨賊也。」

【欣】〖V.6P.1438〗③ 兔、牛絕有力者之名。《爾雅・釋獸》:「兔……絕有力欣。」黃侃《爾雅略說・論清儒〈爾雅〉之學下》:「兔、牛絕有力者，皆曰欣。」

【欶】〖V.6P.1441〗吮吸。《說文・欠部》:「欶，吮也。」唐韓愈孟郊《納涼聯句》:「車馬獲同驅，酒醪欣共欶。」黃侃《蘄春語》:「今語以口內吸曰欶。」

【戀】〖V.7P.0800〗拘攣。固執而不知權變。戀，通「攣」。漢桓寬《鹽鐵論・非鞅》:「此二子者，知利而不知害，知進而不知退，故果身死而眾敗。此所謂戀朐之智，而愚人之計也。」王利器校注：「張之象本、沈延銓本……『戀』作『攣』。黃季剛曰：『戀、攣……音同。』」馬非百簡注：「戀朐，一作『攣拘』，或作『拘攣』，拘束，固執而不知通權達變。」

【禴】〖V.7P.0968〗古代祭名。指夏祭或春祭。《易・萃》:「引吉无咎。孚乃利用禴。」鄭玄注：「禴，殷春祭之名也，四時祭之省者也。」《詩・小雅・天保》:「禴祠烝嘗。」毛傳：「春曰祠，夏曰禴，秋曰嘗，冬曰烝。」宋陳造《再次韻徐南卿招飯》:「肺可用禴米可餅，並付饞僮飽君德。」一說泛指祭祀。黃侃《〈爾雅〉略說》:「(俞樾) 釋禴祭爲通名。引干寶《易》注：『非時而祭曰禴。』」

【石】〖V.7P.0988〗⑥ 指傳說中的神仙洞府。漢劉向《眞君傳》:「赤松子者，神農時雨師也……數往崑崙山中，常止西王母石室中，隨風雨上下。」晉陶潛《搜神後記》卷一：「始興機山東有兩岩，相向如鴟尾。石室數十所。

經過，皆聞有金石絲竹之響。」《剪燈新話・申陽洞記》:「更前百步，豁然開朗，見一石室，榜曰：申陽之洞。守門者數人，裝束如昨夕廟中所睹。」清徐喈鳳《會仙記》:「秋鴻以扇拂壁，忽豁大門，肅丹忱入。洞中石室，別有天地。」黃侃章炳麟《遊仙聯句》:「石室坐王母，旁揖喬松儔。」

【禩】〖V.7P.0950〗同「祀_1」。① 年。明張居正《賀朱鎭山重膺殊恩序》:「公自登仕，迨今餘三十禩矣。」《金瓶梅詞話》第七一回：「朕今即位二十禩於茲矣。」清葉廷琯《吹網錄・三河縣遼碑》:「(《重修文宣王廟記》)洎乾統五禩，秋七月。宰君劉公當領是邑。」黃侃《禮學略說》:「《說文》祀、禩同字；杜子春讀禩爲祀，是不以爲一字也。」也用於人名。宋代有丁禩。

【石主】〖V.7P.0982〗石製的神主。古代用以祀土、穀之神。《新唐書・儒學傳中・張齊賢》:「後魏天平中，遷太社石主，其來尚矣。」《宋史・禮志五》:「先是，州縣社主不以石。禮部以謂社稷不屋而壇，當受霜露風雨，以達天地之氣，故用石主，取其堅久。」黃侃《禮學略說》:「及許叔重作《五經異義》，時時引明文以決從違；故玉罍之說，石主之說，鸞和之說，雖出傳記，皆謂無明文，遂無以決之。」

【知化】〖V.7P.1527〗謂通曉事物變化之理。《易・繫辭下》:「窮神知化，德之盛也。」《史記・秦始皇本紀》:「當此時也，世非無深慮知化之士也，然所以不敢盡忠拂過者，秦俗多忌諱之禁，忠言未卒於口而身爲戮沒矣。」宋張載《正蒙・乾稱》:「知化則善述其事，窮神則善繼其志。」黃侃《〈新方言〉後序二》:「雖日不暇給，慮有遺剩，創始之業，規摹已閎，所謂知化窮冥，無得而稱者也。」

【立說】〖V.8P.0378〗猶立論。宋葉適《朝請大夫陳公墓誌銘》:「邊事將作，思誠諗故。余告以立說有先後，定計有始末，無誤也。」明王守仁《大學問》:「吾黨各以己見立說，學者稍見本體，即好爲徑超頓悟之說，無復有省身克己之功。」黃侃《禮學略說》:「今文、古文，往往差異，姑置勿談，即同一師承，立說亦復不齊壹。」

【疏不破注】〖V.8P.0496〗謂對於儒家經典的疏通闡發不突破原注的界說。黃侃《禮學略說》:「清世禮家輩出……至於篤守專家，按文究例，守唐人疏不破注之法者，亦鮮見其人也。」

【蛥】〖V.8P.0893〗蟬的一種。體小，色青。明李時珍《本草綱目・蟲三・蚱蟬》:「秋月鳴而色青紫者，曰蟪蛄，曰蛁蟟，曰蜓蚞，曰螇螰，曰蛥蚗。」黃侃《論學雜著・蘄春語》:「《方言》十一:『蛥蚗,自關而東謂之虭蟧,或謂之蝭蟧。』……今北方謂青色小蟬六七月間鳴者,曰蝭蟧,音低了。」

【蛾】〖V.8P.0902〗即蛾子。黃侃《論學雜著・〈爾雅〉略說》:「草木蟲魚之同名者多矣。莪羅,草也;蛾羅,蟲也。」參見「蛾子」。

【蝭蟧】〖V.8P.0928〗蟬之一種。一說即蟪蛄。《莊子・逍遙遊》「蟪蛄不知春秋」陸德明釋文引晉司馬彪曰:「惠蛄,亦名蝭蟧,春生夏死,夏生秋死,故不知歲有春秋也。」清惲敬《釋蟪蛄》:「蝭蟧木居,似馬蜩而差小,黑黃色,其鳴自呼曰蝭蟧,夏蟬也,非蟪蛄也。」黃侃《論學雜著・蘄春語》:「今北方謂青色小蟬六七月間鳴者,曰蝭蟧,音低了。」

【融會】〖V.8P.0944〗② 融會貫通;領會。隋煬帝《重與智者請議啓》:「智者融會,盡有階差。」明王守仁《傳習錄》卷下:「只要解心,心明白,書自然融會。」黃侃《禮學略說》:「群書之中,搴其苕穎;則江氏《周禮疑義舉要》,融會鄭注而參以新說。」冰心《寄小讀者》十六:「再一事,就是客中的心情,似乎更容易融會詩句。」

【蟶】〖V.8P.0975〗蟶子。明李時珍《本草綱目・介二・蟶》(集解)引陳藏器曰:「蟶生海泥中。長二三寸,大如指,兩頭開。」黃侃《蘄春語》:「蜃,蚌類,今閩中以田種之;形狹長,名曰蟶,味頗鮮美。」

【符】〖V.8P.1126〗驗證。黃侃《〈新方言〉後序》:「令今古隱誼,悉得符諭於茲,閭巷猥佌文士不道之言,本之皆合於《說文》《爾雅》。」

【筆削】〖V.8P.1163〗① 指著述。筆,書寫記錄;削,刪改時用刀削刮簡牘。南朝梁元帝《〈金樓子〉序》:「夕望湯池,觀仰月之勢,朝瞻美氣,眺非煙之色,替於筆削。」宋李綱《雷陽與吳元中書》:「平時觀書,偶有所得,隨亦忘矣。唯筆削之,則說而不通必思,思而不得必考,沉思博考,心醉神開,然後得之。」黃侃《〈新方言〉後序》:「侃也愚昧……不賢識小,所以參左筆削。」

【箍】〖V.8P.1186〗① 圍束;約束。《朱子語類》卷二七:「如一個桶,須是先將木來做成片子,卻將一個箍來箍斂。」《水滸傳》第三一回:「(武松)解開頭髮,折疊起來,將界箍兒箍起,掛著數珠。」黃侃《蘄春語》:「固者,使其牢固也。以金屬熔液塡塞空隙,是爲了使物牢固;用竹篾或用金屬圈束物,也是爲了使物牢固。固、錮、箍,音相同,義也相通也。」

【篇衺】〖V.8P.1218〗書籍的篇卷。黃侃《〈新方言〉後序》:「篇衺既定,承命敘錄,略陳所懷,仰贊微恉云爾。」

【篢】〖V.8P.1226〗① 箱籠。黃侃《蘄春語》:「吾鄉爲死者作齋，編竹爲小匧以盛紙錢曰篢，而讀籠上聲。」

【舊聞】〖V.8P.1304〗① 指往昔的典籍和傳聞。《史記・太史公自序》:「罔羅天下放失舊聞。」宋秦觀《韓愈論》:「考同異，次舊聞，不虛美，不隱惡。」黃侃《禮學略說》:「凡所稱引，悉本舊聞，我無加損焉。」魯迅《中國小說史略》第七篇:「或者掇拾舊聞，或者記述近事。」

【衦】〖V.9P.0026〗謂碾壓衣服上的褶皺，使其舒展挺刮。《說文・衣部》:「衦，摩展衣也。」段玉裁注:「摩展者，摩其襵𧝎而展之也。《石部》『砑』下曰:『以石衦繒也。』衦之用與熨略同而異。」黃侃《論學雜著・蘄春語》:「今吾鄉有衦衣、衦面之語。凡摩展物之字皆當作此，今音與《廣韻》同。」

【袥】〖V.9P.0048〗② 在衣服的某一部位襯上布。黃侃《蘄春語》:「袥……今吾鄉謂單衣領下別加裏一圍，曰袥肩，即此字。」

【袠】〖V.9P.0079〗① 書帙，書囊。《廣雅・釋器》:「袠謂之袠。」王念孫疏證:「《說文》:帙，書衣也。或作袠。」黃侃《蘄春語》:「今謂以布或皮爲帙，可摺疊啓闔，實之韡中，曰韡袠子……其稍大者，曰護書，與袠同制。」

【褑】〖V.9P.0117〗長衣。宋王林《燕翼詒謀錄》卷五:「中興以後，駐蹕南方，貴賤皆衣黝紫，反以赤紫爲御愛紫，亦無敢以爲衫袍者，獨婦人以爲衫褑爾。」黃侃《蘄春語》:「《說文・衣部》:袁，長衣貌；雨元切。俗字作褤、褑，皆見《集韻》。吾鄉或謂長襑（即衫子）爲長褑，讀王眷切；閭里書師所作七言雜字云『絮袴綿襖青長褑』，是也。」

【襑】〖V.9P.0139〗即衫。《說文・衣部》:「襑，衣博大。」朱駿聲通訓:「字亦作衫，彡聲尋聲同。」黃侃《蘄春語》:「《說文》衣部:袁，長衣貌；雨元切。俗字作褤、褑，皆見《集韻》。吾鄉或謂長襑（即衫子）爲長褑，讀王眷切；閭里書師所作七言雜字云:『絮袴綿襖青長褑。』是也。」

【芘】〖V.9P.0284〗② 芘，通「庇」。庇護；包庇。清黃鈞宰《金壺遯墨・奇女子》:「前途關卡多，仰藉大力芘蔭。」黃侃《哀貧民》:「由今觀之，殆實以芘蔭富民而諱其所號也。」

【苕穎】〖V.9P.0359〗②《文選・陸機〈文賦〉》:「或苕發穎豎，離眾絕致。」呂向注:「謂思得妙音，辭若苕草華髮，穎禾秀豎，與眾辭離絕，致於精理。」後因以「苕穎」比喻意旨文辭之精妙特出者，或特出之事物。黃侃

《論學雜著・禮學略說》：「群書之中，搴其苕穎，則江氏《周禮疑義舉要》，融會鄭注而參以新說。」

【菰】〖V.9P.0454〗② 菌類植物。明謝肇淛《五雜俎・物部二》：「菌蕈之屬多生深山窮谷中，蛇虺之氣薰蒸，易中其毒。《西湖志》載：宋吳山寺產菰，大如盤，五色光潤。」黃侃《蘄春語》：「吾鄉凡菌皆曰菰。」

【絆】〖V.9P.0797〗⑥ 方言。維繫器物兩端的環圈。黃侃《蘄春語》：「今吾鄉凡以一物繫兩端，皆謂之絆；如罐有罐絆，籃有籃絆。」

【絭】〖V.9P.0850〗⑤ 通「棬」。牛鼻中的環木。《土牛經・釋籠頭韁索》：「凡絭者乃牛鼻中環木也。亦名曰拘。牛拘者，常以桑柘木爲之。拘者是牛絭子……拘絭者牛鼻中木也。」黃侃《蘄春語》：「《說文・木部》：『棬，牛鼻上環也。』……今吾鄉猶有此語：以木作之，兩端略巨，防其捝，中綢之，繫繩焉，謂之牛絭；音如《廣韻》。」

【�】

【軵】〖V.9・P.1238〗推，推運。《逸周書・小開》：「謀有共軵。」朱右曾校釋：「軵，推也。言相推以致遠也。」《漢書・馮奉世傳》：「再三發軵，則曠日煩費，威武虧矣。」顏師古注引如淳曰：「軵，推也。」《新唐書・西域傳上・高昌》：「文泰謂左右曰：『曩吾入朝，見秦隴北城邑蕭條，非有隋比，今伐我，兵多則糧軵不逮，若下三萬，我能制之。』」黃侃《蘄春語》：「吾鄉凡引物向後，更前推之，曰軵。」

【軛】〖V.9・P.1241〗《荀子・正論》：「三公奉軛持納，諸侯持輪挾輿先馬。」楊倞注：「軛，轅前也。」《後漢書・列女傳・皇甫規妻》：「卓（董卓）乃引車庭中，以其頭縣軛，鞭撲交下。」李賢注：「《周禮・考工記》曰：『軛長六尺。』鄭眾曰：『謂轅端壓牛領者。』」宋梅堯臣《觀楊之美畫》詩：「雙驂推軛如畏遲，行從冠蓋多威儀。」黃侃《蘄春語》：「今吾鄉謂牛項曲木，施以引犂者，曰牛軛。」

【邊】〖V.10P.1293〗佛教語。五見之一。指執著片面極端的邪見。分爲二種。常見，認爲我常住不變；斷見，認爲我可以不受果報。章炳麟《建立宗教論》：「此二種邊執之所以起者，何也？由不識依佗起自性而然也。」亦作「邊見」。《壇經・般若品》：「若百物不思，當令念絕，即是法縛，即名邊見。」明袁宏道《〈八識略說〉敘》：「謂娑婆非城邑者，邊見之所執也。」黃侃《漢唐玄學論》：「佛說所以獨據玄言上流者，正以離去邊見耳；一墮邊見，雖勝義亦終成土苴而已矣！」

【遺剩】〖V.10P.1210〗② 遺留剩餘。清黃景仁《百字令·登益陽城樓》詞：「耕民可見，苔花敗鏃遺剩。」清鄭燮《孤兒行》：「孤兒拾餟，並遺剩羹湯。」黃侃《〈新方言〉後序》：「雖日不暇給，慮有遺剩，創始之業，規摹已閎，所謂知化窮冥，無得而稱者也。」

【跍】〖V.10P.0439〗蹲貌。黃侃《蘄春語》：「《廣韻》上平聲十一模：跍，蹲兒；苦胡切。今吾鄉謂蹲曰跍，亦曰蹲。」川劇《五臺會兄》：「遠望橋頭高壘壘，澗下溪水吼如雷。手扒欄杆過橋嘴，但見烏鴉跍幾堆。」

【遂爾】〖V.10P.1091〗於是乎。《魏書·劉芳傳》：「竊惟太常所司郊廟神祇，自有常限，無宜臨時斟酌以意，若遂爾妄營，則不免淫祀。」《水滸傳》第九八回：「鄔梨見瓊英題目太難，把擇婿事遂爾停止。」黃侃《文字聲韻訓詁筆記·略論文字變易之條例及字體變遷》：「蓋其變多由乎方音之不同，遂爾一字殊體，如瓊或作璚、作瓗、作琁是也。」

【鄙袒】〖V.10P.0678〗指汗衫背心。《釋名·釋衣服》：「汗衣，近身受汗垢之衣也。《詩》謂之『澤』，受汗澤也。或曰鄙袒，或曰羞袒，作之用六尺，裁足覆胸背，言羞鄙於袒而衣此耳。」黃侃《論學雜著·蘄春語》：「吾鄉有衣曰背褡，裁足覆胸背，左右齊肩胛而止。質之《釋名》，正『鄙袒』之音轉耳。」

【親廟】〖V.10P.0349〗祖廟。漢班固《白虎通·姓名》：「《禮服傳》曰：『子生三月則父名之於祖廟。』於祖廟者，謂子之親廟也。」唐韓愈《請遷玄宗廟議》：「其下三昭三穆，謂之親廟。」黃侃《說文略說·論俗書滋多之故》：「以《字林》而言，其所載之字，如禰，《說文》應通用昵，今以為親廟，別造一文。」

【計度】〖V.11P.0016〗② 估計；料想。宋張載《正蒙·中正》：「計度而知，昏也；不思而得，素也。」王夫之注：「計度而知，設未有之形以料其然，是非之理不察者多矣。」元許衡《擬古戰場賦》：「爾乃心存目想，計度數量，豈古人有事於此，遺跡尚存乎渺茫。」黃侃《哀貧》：「貧者非歲時膢臘，未嘗啗純米之飯，尊酒臠肉，得之出於計度之外。」

【訓詁】〖V.11P.0051〗對字句（主要是對古書字句）作解釋。亦指對古書字句所作的解釋。《漢書·揚雄傳上》：「雄少而好學，不為章句，訓詁通而已，博覽無所不見。」唐楊於陵《祭權相公文》：「帝曰絲綸，代予言語，詞之頗僻，政亦乖阻，爾其專掌，爾必師古。亟換官榮，屢移星序，春泉湧溢，彩翰飛舞，丕變澆訛，裁成訓詁。」清陳澧《東塾讀書記·小學》:「詁者，古也。古今異言，通之使人知也。蓋時有古今，猶地有東西，有南北，相隔遠則言語不通矣。地遠則有翻譯，時遠則有訓詁。有翻譯則能使別國如鄉鄰，有訓詁則能使古今如旦暮，所謂通之也，訓詁之功大矣哉！」黃侃《文字聲韻訓詁筆記·訓詁筆記上·訓詁學定義及訓詁名稱》:「詁者，故也，即本來之謂；訓者，順也，即引申之謂。訓詁者，用語言解釋語言之謂。若以此地之語釋彼地之語，或以今時之語釋昔時之語，雖屬訓詁之所有事，而非構成之原理。」洪誠《訓詁學》第一章第二節:「訓詁的對象本不限於古代漢語，但是古代漢語是主要對象。閱讀古代漢語，在文字語言上出現的問題，比閱讀現代漢語出現的問題，要多得多……訓詁是要講通文意。有時候只要解釋個別的詞，全句的意思就清楚了；有時候卻要加以申說，人們才看得懂。」

【靛草】〖V.11P.0577〗① 靛藍。深藍色的染料。明陸亮輔《桃源憶故人·舟次瓜步懷徐姬石蓮》詩:「桃花碎影江如靛。」黃侃《蘄春語》:「吾鄉呼藍草曰靛草，取其汁，以瓨盛之，俱曰靛。」

【雜體】〖V.11P.0881〗指詩、文字、書法等的各種變體。《法書要錄》卷三引唐李嗣眞《書品後》:「右軍（王羲之）若草行雜體，如清風出袖，明月入懷。」宋嚴羽《滄浪詩話·詩體》:「風、雅、頌既亡，一變而爲《離騷》，再變而爲西漢五言，三變而爲歌行雜體，四變而爲沈宋律詩。」黃侃《論文字製造之先後》:「此二文，或象形，或指事，又非前之半字比；今爲定其名，曰雜體。」

【陌】〖V.11P.0962〗③ 街道。《後漢書·蔡邕傳》:「及碑始立，其觀視及摹寫者，車乘日千餘兩，塡塞街陌。」宋辛棄疾《永遇樂·京口北固亭懷古》詞:「斜陽草樹，尋常巷陌，人道寄奴曾住。」清葆光子《物妖志·獸·狐》:「天寶九年，夏六月，崟與鄭子偕行於長安陌中。」黃侃《論學雜著·蘄春語》:「市間大道，亦謂之陌；《樂府》有南陌，洛陽有銅駝陌，是也。」

【銖】〖V.11P.1263〗③ 五銖錢的省稱。《漢書·貢禹傳》:「除其租銖之律，租稅祿賜皆以布帛及穀。」顏師古注:「租稅之法皆依田畝，不得雜計百物之銖兩。」黃侃《讀〈漢書〉〈後漢書〉劄記·貢禹傳》「租銖之律」:「銖即上文所云『五銖錢』，師古注謂『銖兩』，非。」

【鎔】〖V.11P.1374〗⑥ 後作「熔」。比喻寫作時融化提煉內容；煉意。南朝梁劉勰《文心雕龍·辨騷》:「雖取鎔經旨，亦自鑄偉詞。」黃侃札記:「異於經典者，固由自鑄其詞；同於《風》《雅》者，亦再經鎔煉，非徒貌取而已。」南朝梁劉勰《文心雕龍·鎔裁》：「規範本體謂之鎔。」詹鍈義證：「『鎔』是冶金，比喻對內容的提煉，就是通常所說的煉意。『裁』是裁衣，比喻剪裁浮辭，就是通常所說的煉辭。」

【餪】〖V.12P.0568〗② 謂設宴於喜慶事前。黃侃《論學雜著·蘄春語》：「案今鄉俗凡食於事前，謂之餪。」參見「餪生」、「餪房」。

【餪生】〖V.12P.0568〗舊俗稱生日前夕的宴飲。黃侃《論學雜著·蘄春語》：「生日前夕之宴，曰餪生。」

【首務】〖V.12P.0670〗首要事務。《後漢書·張衡傳》：「蓋聞前哲首務，務於下學上達，佐國理民，有云爲也。」晉葛洪《抱朴子·審舉》：「故聖君莫不根心招賢，以舉才爲首務。」清蒲松齡《聊齋誌異·冤獄》：「訟獄乃居官之首務。」黃侃《禮學略說》：「然則治禮者，捨深藏名號，何所首務乎？」

【韜】〖V.12P.0687〗① 掩藏才華。南朝宋顏延之《五君詠·劉參軍》：「韜精日沈飲，誰知非荒宴。」黃侃《效庾子山詠懷》之十：「沈飲似韜精，佯狂非畏患。」

【飛車】〖V.12P.0693〗③ 指火車。嚴復《論世變之亟》：「跨海之汽舟不來，縮地之飛車不至，則神州之眾，老死不與異族相往來。」黃侃《哀貧民》：「有所適，則巨舶飛車萬里如門戶。」

【鬄髮】〖V.12P.0744〗③ 理髮。黃侃《蘄春語》：「案吾鄉謂刀刃微傷，如鬄髮見血之類，曰打壯子。」

【鯤】〖V.12P.1239〗① 魚苗的總稱。《爾雅·釋魚》：「鯤，魚子。」郭璞注：「凡魚之子總名鯤。」晉崔豹《古今注·魚蟲》：「魚子曰鯤，亦曰鯤。」黃侃《蘄春語》：「案吾鄉人家池塘中蓄魚皆鰱，其頭大者曰胖頭，頭小者曰鰱子；其鯤曰魚苗，稍大者曰魚秧。」

【鰟魮】〖V.12P.1255〗① 亦作「鰟皮」。魚名。即鰟鮍。黃侃《蘄春語》：「羅氏（宋羅願）云：『今人謂之旁皮鯽。』吾鄉至今猶然，其字作鰟魮。」胡祖德《滬諺》卷上：「鰟魮魚有三寸肚腸。」參見「鰟鮍」。

《漢語大詞典》引用羅振玉資料輯錄
——「知識生成史」筆記之三

【九九】〖V.1・P.0727〗① 算術乘法名。以一至九每二數順序相乘。上古時係由九九自上而下，而至一一，故稱「九九乘法」。《管子・輕重戊》:「虙戲作造六峜以迎陰陽；作九九之數以合天道。」《漢書・梅福傳》:「臣聞齊桓之時，有以九九見者，桓公不逆，欲以致大也。」楊樹達《窺管》:「敦煌木簡載九九術，起九九八十一訖二二而四。羅振玉云：《孫子算經》乘法載此四十五句，亦起九九而訖一一，末言從九九至一一，總成一千一百五十五，是古法始九九之證。以木簡及《孫子算經》證之，九九蓋即乘法。其術始於九九，故稱九九之術。」

【估人】〖V.1・P.1224〗商人。唐沈亞之《喜子傳》:「（喜子）困時，蒙活於估人劉承家女使。」清宗渭《浦城下水》詩：「舟子下灘常鬥水，估人遇險只呼神。」羅振玉《五十日夢痕錄》:「龜甲獸骨，濰縣范姓估人始得之。」

【印】〖V.2・P.0512〗⑰ 通「抑」。馬王堆漢墓帛書甲本《老子・德經》:「高者印之，下者舉之。」羅振玉《增訂殷虛書契考釋》:「卜辭『印』字從不，從人跽形，象以手抑人而使之跽。其誼如許書之抑，其字形則如許書之印。」

【劉猛將軍】〖V.2・P.0755〗① 傳說中滅蝗保穡之神。指宋劉錡。宋景定四年，旱蝗，上敕劉錡為揚威侯天曹猛將之神。敕云「飛蝗入境，漸食嘉禾，賴爾神靈，翦滅無餘」。蝗遂殄滅。見羅振玉《俗說》引朱坤《靈泉筆記》。

【大威】〖V.2・P.1354〗① 猶大畏。最可畏懼的事。指禍亂。《老子》:「民不畏威，則大威至。」朱謙之校釋引羅振玉曰：「敦煌庚本作『大畏至矣』。」

【小牢】〖V.2・P.1602〗少牢。郭沫若《中國古代社會研究》第三篇第一章第二節：「（羅振玉）對於此項的研究比較詳細，我們先把他的成績揭在下邊……『其牲或曰大牢，或曰小牢。』」參見「少牢」。

【夕】〖V.3・・P.1146〗① 通「亦」。《老子》：「（人）所教，夕議而教人。」朱謙之校釋引羅振玉曰：「御注本、敦煌本均作『亦我義教之』。」

【清健】〖V.5・P.1312〗② 清新剛勁。宋魏泰《臨漢隱居詩話》：「至如永叔之詩，才力敏邁，句亦清健，但恨其少餘味爾。」明袁宏道《虎耳岩不二和尚碑記》：「短髩數莖如雪，見人闔其目，聞根甚利，語清健，望而知爲有道。」陳垣《史諱舉例・因避諱斷定時代例》引羅振玉《雪堂校刊群書敘錄》下，跋敦煌本殘道書云：「書法清健，有鍾薛風。」

【拓印】〖V.6・P.0440〗摹印石碑或器物上的文字、圖畫。郭沫若《今昔集・論古代社會》：「劉鶚死在新疆後，所遺甲骨，一部分失掉，一部分爲羅振玉所得。後來羅就所得甲骨上面的文字再拓印成書，從此引起了一般人研究的興趣。」

【萋萋】〖V.9・P.0438〗見「萋菲」。花紋錯雜貌。語本《詩・小雅・巷伯》：「萋兮斐兮，成是貝錦；彼譖人者，亦已大甚！」孔穎達疏：「《論語》云：『斐然成章。』是斐爲文章之貌，萋與斐同類而云成錦，故爲文章相錯也。」後因以「萋斐」比喻讒言。《北齊書・幼主紀》：「忠信不聞，萋斐必入。」《舊唐書・朱敬則傳》：「去萋菲之牙角，頓奸險之鋒芒。」《封神演義》第九九回：「（呂岳）悞聽萋菲，動干戈殺戮之慘，自墮惡趣，夫復何戚！」羅振玉《劉鐵雲傳》：「予答書曰：『……萬一幸成，而萋斐日集，利在國，害在君也。』」

【鉦】〖V.11・P.1224〗① 一種古代樂器。形似鐘而狹長，有柄，擊之發聲，用銅製成。行軍時用以節止步伐。《詩・小雅・采芑》「鉦人伐鼓」毛傳：「鉦以靜之，鼓以動之。」孔穎達疏：「《說文》云：『鉦，鐃也。似鈴，柄中上下通。』然則鉦即鐃也。」陳奐傳疏：「《詩》言誓師，則鉦即《大司馬》之鐸、鐲、鐃矣……鄭司農注《周禮》亦以鐸、鐲、鐃謂鉦之屬，然則鉦其大名也。」《文選・張衡〈東京賦〉》：「次和樹表，司鐸授鉦。」薛綜注：「鉦鐸，所以爲軍節。」宋彭乘《續墨客揮犀・狄天使能戰》：「狄青爲將……令軍中聞鉦一聲則止。」一說鉦爲一種形似鐃、鐸的樂器。羅振玉《古器物識小錄・鐃》：「鉦與鐃不僅大小異，形制亦異：鉦大而狹長，鐃小而短闊；鉦柄實，故長，可手執；鐃柄短，故中空，須續以木柄，乃便執持。」

今按：因爲政治原因，羅振玉的著作在很長時期內屬於禁書之列，雖被《漢語大詞典》引用，不過寥寥數條，且多係轉引。這種因人廢言的現象早已引起逆反，與其學術宗主的地位極不相稱。今後修訂《漢語大詞典》，應該將其學術精華補充進入。

俞樾《茶香室四鈔》卷十一「古人注書不嫌重複」條云：

> 國朝羅振玉《存拙齋札疏》云：「宋高似孫《史略》譏顏師古注《漢書》訓詁重複者甚多，往往再見於一版之內。玉案：此古人注書法也。試以《毛詩》鄭箋言之，《板》詩「及爾同寮」下既云「及，與也」，於「及爾游衍」下又箋。《抑》詩「無不柔嘉」下既云「柔，安也」，於「輯柔爾顏」下又箋。康成注禮，如此者亦多。」

上引羅氏之論，是耶？非耶？《漢語大詞典》例句重複者亦甚多。

《漢語大詞典》引用王國維資料輯錄
——「知識生成史」筆記之四

陳寅恪《清華大學王觀堂先生紀念碑銘》(《金明館叢稿二編》)云:「海寧王先生自沉後二年,清華研究院同人咸懷思不能自己。其弟子受先生之陶冶煦育者有年,尤思有以永其念。僉曰,宜銘之貞珸,以昭示於無竟。因以刻石之詞命寅恪,數辭不獲已,謹舉先生之志事,以普告天下後世。其詞曰;士之讀書治學,蓋將以脫心志於俗諦之桎梏,眞理因得以發揚。思想而不自由,毋寧死耳。斯古今仁聖所同殉之精義,夫豈庸鄙之敢望。先生以一死見其獨立自由之意志,非所論於一人之恩怨,一姓之興亡。嗚呼!樹茲石於講舍,繫哀思而不忘。表哲人之奇節,訴眞宰之茫茫。來世不可知者也。先生之著述,或有時而不章。**先生之學說,或有時而可商。惟此獨立之精神,自由之思想,歷千萬祀,與天壤而同久,共三光而永光。**」此雖誤解,卻成正論。

馬敘倫《石屋餘瀋・王靜安》:「(三十一) 年五月廿九日,某報載何天行《王靜安十五年祭文》,意在發明靜安本心不在爲遺老,其死則困於貧。夫靜安是否不願竭忠清室,其人死矣,無可質矣;至於其死,實以經濟關係爲羅叔言所迫而然,則余昔已聞諸張孟劬,惜未詢其詳。後又聞諸張伯岸,則未能言其詳也。靜安確是學者,余於三十年前即識其人,而不相往還(其弟哲安爲余同學於養正書塾者也)。及其任北大教授,復相見焉,而亦無往還。國民軍幽曹錕,逐溥儀。溥儀遁居東交民巷。時議頗慮其爲人挾持,余欲曉以禍福,往請見。抵其所寓,則有所謂南書房侍從者四人,延余入客室。余申來意，有滿人某以手枕首示余，謂皇上正在午睡，如有所言，請相告，可代達也。余不願與若輩言，遂辭而出。此四人者靜安與焉。越日，趙爾巽託邵伯絅告余，願相見。據伯絅云：溥儀以余時方代理教育部務，乃國務員身份，驟不敢見也。余以次珊先生年長，遂謁之其第，然次老並未表示代表溥儀者，故余亦略申余意耳。自此一晤靜安，遂隔人天，不意倏焉十五寒暑也。靜安畢生態度可以『靜』字該之。」以一『靜』字概括王國維一生，可謂蓋棺之論。

羅振玉與王國維共同開創了羅王之學，且成爲當今主流性學術。沒有羅振玉，就沒有王國維。羅王之學在《漢語大詞典》中卻出現了一邊倒的現象——天平完全倒向了王國維。

【一空依傍】〖V.1．P.0052〗指在藝術、學術等方面獨創而全不摹仿。王國維《宋元戲曲考》第十二章：「關漢卿一空依傍，自鑄偉詞，而其言曲盡人情，字字本色，故當爲元人第一。」

【一撒花】〖V.1．P.0100〗謂揮霍無度。清褚人獲《堅瓠廣集．撒花》：「宋時三佛齊、注輦國來朝貢，即請繞殿撒花，初撒金蓮花，次撒眞珠龍腦，布於御座，所攜頃刻俱盡，蓋胡人至重禮也。後金兵犯闕，索民財與之，亦謂撒花錢，以重禮媚胡耳。今人謂善費者曰一撒花，義本此。」按：撒花爲蒙語 sauyat 音譯，原意爲禮物、贈品。參閱王國維《觀堂集林．蒙古劄記》、方齡貴《元明戲曲中的蒙古語》。

【才分】〖V.1．P.0300〗才能；天資。《三國志．魏志．楊俊傳》：「俊雖並論文帝、臨菑才分所長，不適有所據當，然稱臨菑猶美，文帝常以恨之。」南朝梁劉勰《文心雕龍．附會》：「才分不同，思緒各異。」宋蘇軾《湖州謝上表》：「非不欲痛自激昂，少酬恩造，而才分所局，有過無功。」王國維《人間詞話》卷下：「梅溪、夢窗、玉田、草窗、西麓諸家，詞雖不同，然同失之膚淺，雖時代使然，亦其才分有限也。」

【井渠】〖V.1．P.0339〗地下水道。《史記．河渠書》：「於是爲發卒萬餘人穿渠，自徵引洛水至商顏下。岸善崩，乃鑿井，深者四十餘丈。往往爲井，井下相通行水。水頹以絕商顏，東至山嶺十餘里間。井渠之生自此始。」王國維《西域井渠考》：「西域本無此法，及漢通西域，以塞外乏水，且沙土善崩，故以井渠法施之塞下。」

【五聲】〖V.1．P.0390〗③ 漢語字音的五種聲調。即陰平、陽平、上、去、入。南朝梁沈約《答陸厥問聲韻書》：「以累萬之繁，配五聲之約。」王國維《觀堂集林・五聲說》：「古音有五聲，陽類一與陰類之平、上、去、入四是也。說以世俗之語，則平聲有二，上、去、入各一，是爲五聲。」

【主唱】〖V.1・P.0701〗一折戲由一個角色演唱，謂之「主唱」。王國維《宋元戲曲史・元劇之結構》：「元劇每折唱者，止限一人……除末、旦主唱，爲當場正色外，則有淨有丑。」

【乣軍】〖V.1・P.0770〗遼金以北方邊地部族組成的軍隊。乣軍之名始見於遼。金之乣軍散居於東北、西北、西南三路。蒙古興起後，金西南路與西北路諸乣相繼投附或被征服。東北路乣軍則在窩闊台時歸屬，成爲元代遼東之乣軍。參閱王國維《〈元朝秘史〉之主因亦兒堅考》、陳述《乣軍考釋初稿》、蔡美彪《乣與乣軍之演變》。

【直觀】〖V.1・P.0868〗用感觀直接接受的或直接觀察的。王國維《文學小言》：「自他方面言之，則激烈之情感，亦得爲直觀之對象、文學之材料。」

【南唐】〖V.1・P.0896〗五代十國之一。公元 937 年李昪代吳稱帝，建都金陵（今江蘇南京市），國號唐，史稱南唐。曾滅閩楚，極盛時有今江蘇安徽淮河以南和福建、江西、湖南及湖北東部地區。975 年爲北宋所滅。共歷三主，三十九年。清陳維崧《望江南・歲暮雜憶》詞：「人斗南唐金葉子，街飛北宋鬧蛾兒，此夜不勝思。」王國維《人間詞話》卷上：「《花間》於南唐人詞中雖錄張泌作，而獨不登正中隻字，豈當時文采爲功名所掩耶？」

【厎法】〖V.1・P.0919〗謂確定辦法。《書・大誥》：「若考作室，既厎法，厥子乃弗肯堂，矧肯構？」孔傳：「父已致法，子乃不肯爲堂基。」王國維《國學叢刊序》：「至於先人厎法，僅就椎輪，歷代開疆，尚多甌脫。」

【厲】〖V.1・P.0937〗㉗指涉水。戰國楚宋玉《大言賦》：「血衝天車，不可以厲。」三國魏嵇康《贈秀才入軍》詩：「南凌長阜，北厲清渠。」宋蘇軾《和桃花源詩》：「高山不難越，淺水何足厲。」王國維《海上送日本內藤博士》詩：「七十二王文字古，橫厲泗水拜尼甫。」參見「厲揭」。

【卡兒水】〖V.1・P.0988〗即坎兒井。利用地下水通過地下渠道灌溉農田的水利設施。王國維《觀堂集林・西域井渠考》：「今新疆南北路通鑿井取水，吐魯番有所謂卡兒水者，乃穿井若干，於地下相通以行水。」

【內奸】〖V.1・P.1001〗亦作「內姦」。暗藏在內部進行破壞活動的敵對分子。《宋史・李綱傳上》：「攘除外患，使中國之勢尊；誅鋤內奸，使君子之道長。」王國維《紅樓夢評論》：「爲之警察以防內奸，爲之陸海軍以禦外患。」

【介】〖V.1・P.1071〗④ 居間，處於二者之間。《左傳・襄公九年》:「天禍鄭國，使介居二大國之間。」杜預注:「介猶間也。」《史記・魯仲連鄒陽列傳》:「(鄒陽) 上書而介於羊勝、公孫詭之間。」王國維《觀堂集林・漢郡考上》:「漢初置燕國，當仍其舊，而涿郡之地介居《漢志》之廣陽、河間二國間。」

【仲年】〖V.1・P.1193〗次年，第二年。王國維《觀堂集林・唐寫本敦煌縣戶籍跋》:「《唐六典》:『戶部尚書職：每一歲一造計帳，三年一造戶籍，凡定戶以仲年，造籍以季年。』」

【祐】〖V.1・P.1237〗領有。《書・金縢》:「乃命於帝庭，敷祐四方。」王國維《現堂集林・與友人論〈詩〉〈書〉中成語書二》:「如《書・金縢》云:『敷祐四方。』《傳》云:『布其德教以祐助四方。』案《盂鼎》云:『匍有四方』，知『祐』爲『有』之假借，非祐助之謂矣。」

【作冊內史】〖V.1・P.1247〗古代官名。王國維《觀堂集林・洛誥解》:「作冊，官名……彝器多稱作冊某，或云作冊內史某……皆掌冊命臣工之事。」參見「作冊」。

【作冊】〖V.1・P.1247〗古官名。商代設置。西周時也稱作冊內史、作命內史、內史。掌著作簡冊，奉行國王告命。《書・洛誥》:「王命周公後，作冊逸誥。」參閱清孫詒讓《周禮正義》卷五二《內史》、王國維《觀堂別集》卷一《書作冊詩尹氏說》。

【作冊尹】〖V.1・P.1248〗古代官名。作冊之長。王國維《觀堂集林・洛誥解》:「作冊，官名……其長雲作冊尹……皆掌冊命臣工之事。」參見「作冊」。

【側尊】〖V.1・P.1544〗謂設尊只用酒醴，不用玄酒。是禮之簡且古者。玄酒即明水，以其色黑，故稱。《儀禮・士冠禮》:「側尊一甒，醴在服北。」鄭玄注:「側猶特也，無偶曰側。置酒曰尊，側者無玄酒。」王國維《觀堂集林・說盉》:「古之設尊也，必有玄酒，故用兩壺。其無玄酒，而但用酒若醴者，謂之側尊，乃禮之簡且古者。」

【偶合】〖V.1・P.1547〗② 指偶然相合或相同。漢王充《論衡・偶會》:「期數自至，人行偶合也。」明沈德符《野獲編・刑部・嘉靖大獄張本》:「夫大禮本出聖意，書 (席書) 以一言偶合，援此要挾陛下，以壓服滿朝。」王國維《紅樓夢評論》第五章:「然詩人與小說家之用語，其偶合者固不少。」

【傀民】〖V.1・P.1550〗詭譎之人。王國維《觀堂集林・彊村校詞圖序》：「然二地皆湫隘卑濕，又中外互市之所，土薄而俗偷，奸商傀民，鱗萃鳥集，妖言巫風胥於是乎出。」

【傅合】〖V.1・P.1598〗附會。宋葉適《始論二》：「今世議論勝而用力寡，大則制策，小則科舉，高出唐虞，下陋秦漢，傅合牽連，皆取則於華辭耳，非當世之要言也。」王國維《〈紅樓夢〉評論》第五章：「苟執此例以求《紅樓夢》之主人公，吾恐其可以傅合者，斷不止容若一人而已。」

【僕數】〖V.1・P.1670〗謂一一詳加論列。清周亮工《送王庭一入楚序》：「予一身之變，固難僕數，子京以急予難沒於都門，楊兒以念予殀於家。」王國維《文學小言》十五：「此詩家之數之所以不可更僕數，而敘事文學家殆不能及百分之一也。」參見「更僕難數」。

【僧祇】〖V.1・P.1683〗① 梵語阿僧祇的省稱。意爲無數，無量。宋晁補之《鷓鴣天・杜四侍郎郡君十二姑生日》詞：「不勞龍女騁威儀。僧祇世界供遊戲，賢懿光陰比壽期。」清蔣士銓《臨川夢・說夢》：「雖則是僧祇劫裏業緣該，畢竟你龍華會上眞身壞。」王國維《題蕺山先生遺像》詩：「僧祇劫去留人譜，風義衰時拜鬼雄。」

【儒砌】〖V.1・P.1714〗秦始皇既焚書，恐天下不服，乃密令冬月種瓜於驪山陵谷溫暖處；瓜結實，詔博士諸生往視，因塡土殺之。事見《史記・儒林列傳》張守節正義引漢衛宏《詔定古文尚書序》。後因以「儒砌」謂讀書人遭受的浩劫。北周庾信《謝滕王集序啓》：「加以建鄴陽九，劣免儒砌；江陵百六，幾從士壟。」王國維《〈國學叢刊〉序》：「番番良士，劣免儒砌；莘莘胄子，翻從城闕。」

【優美】〖V.1・P.1723〗② 美學名詞。婉約柔和的美。壯美或崇高的對稱。王國維《紅樓夢評論》第一章：「而美之爲物有二種：一曰優美，二曰壯美。」

【弟及】〖V.2・P.0100〗謂弟繼兄位。爲商代的主要繼統法。《公羊傳・莊公三十二年》「魯一生一及」漢何休注：「兄死弟繼曰及。」清王國維《觀堂集林・殷周制度論》：「商之繼統法，以弟及爲主，而以子繼輔之，無弟然後傳子。」

【具帶】〖V.2・P.0110〗匈奴飾金的腰帶。《戰國策・趙策二》：「遂賜周紹胡服、衣冠、具帶、黃金師比，以傅王子也。」《史記・匈奴列傳》：「黃金飾具帶一。」裴駰集解引《漢書音義》曰：「要中大帶。」王國維《觀堂集林・胡服考》：「具帶者，黃金具帶之略。」

【北亳】〖V.2・P.0199〗古地名。殷三亳之一。又稱景亳或蒙亳。相傳爲湯始居之地。漢爲蒙縣，屬梁國。地在今河南省商丘市，一說在今山東曹縣南。參閱清吳卓信《〈漢書・地理志〉補注・梁國・蒙》、王國維《觀堂集林・說亳》。晉皇甫謐《帝王世紀》：「蒙爲北亳，即景亳，湯所盟地。」

【克】〖PV.2・.0260〗⑮ 古國名。王國維《觀堂集林・克鍾克鼎跋》：「觀克鍾克鼎出土之地並克鼎中錫土之事，克之疆域蓋遠矣。克器出於寶雞縣南之渭水南岸，殆克之所都。」

【玄石】〖V.2・P.0305〗③ 指石碑或墓碑。漢禰衡《顏子碑》：「乃刊玄石而旌之。」晉孫綽《太傅褚褒碑銘》：「敢勒玄石，敬刊高謨。」唐韓愈《李公墓誌銘》：「銘此玄石，維昧之詒。」明楊慎《江禮記》：「史臣頌烈，敬垂鴻休於玄石。」王國維《羅君楚妻汪孺人墓碣銘》：「宜刊玄石，式揚芳烈。」

【商確】〖V.2・P.0376〗商討；斟酌。南朝梁鍾嶸《〈詩品〉總序》：「觀王公搢紳之士，每博論之餘，何嘗不以詩爲口實，隨其嗜欲，商確不同。」宋周煇《清波雜誌》卷四：「四六應用，所貴翦裁，或屬筆於人，有未然，則當通情商確。」王國維《紅樓夢評論》第四章：「然事不厭其詳，姑以生平可疑者商確焉。」參見「商搉」。

【切近的當】〖V.2・P.0559〗② 謂意淺語實。宋魏慶之《詩人玉屑・風調・高古爲難》引《李希聲詩話》：「古人作詩，正以風調高古爲主，雖意遠語疏，皆爲佳作，後人有切近的當，氣格凡下者，終使人可憎。」王國維《人間詞話刪稿》三三：「余謂北宋詞亦不妨疏遠。若梅溪以降，正所謂『切近的當，氣格凡下』者也。」

【初吉】〖V.2・P.0618〗② 朔日，即陰曆初一日。《詩・小雅・小明》：「二月初吉，載離寒暑。」毛傳：「初吉，朔日也。」一說自朔日至上弦（初八日）爲「初吉」。見王國維《觀堂集林・生霸死霸考》。唐杜甫《北征》詩：「皇帝二載秋，閏八月初吉。」浦起龍心解：「初吉，朔日也。」

【制幣】〖V.2・P.0667〗古代祭祀時所供之繒帛。帛的長寬皆有定制，因稱「制幣」。《儀禮・既夕禮》：「贈用制幣玄纁束。」鄭玄注：「丈八尺曰制。」《晉書・武帝紀》：「詔以制幣告於太廟。」宋蘇軾《北嶽祈雨祝文》：「敢以制幣、茶果，清酌之奠，敢昭告於北嶽安天元聖帝。」王國維《釋幣上》：「或廣三尺二寸，長三丈六尺是爲制幣。」

【副墨】〖V.2・P.0724〗① 指文字，詩文。《莊子・大宗師》：「聞諸副墨之子。」王先謙集解引宣穎云：「文字是翰墨爲之，然文字非道，不過傳道之助，故謂之副墨。」宋范成大《次韻知府王仲行尚書鹿鳴燕古風》：「今晨梅驛動，副墨到衡宇。」清金農《訪韋隱君用良山居》詩：「兩朝耆碩遺風邈，百氏菁華副墨傳。」王國維《〈紅樓夢〉評論》：「譬諸副墨之子，洛誦之孫，亦隨吾人之所好名之而已。」

【創意】〖V.2・P.0730〗謂創立新意。王國維《人間詞話》三三：「美成深遠之致不及歐秦，唯言情體物，窮極工巧，故不失爲第一流之作者。但恨創調之才多，創意之才少耳。」

【劉賈】〖V.2・P.0755〗漢代劉向、賈誼的並稱。王國維《文學小言》十一：「韋柳之視淵明，其如劉賈之視屈子乎？」

【受民】〖V.2・P.0881〗天帝所授之民。封建帝王將其統治之民視爲天賜。《書・洛誥》：「誕保文、武受民，亂爲四輔。」王國維《觀堂集林・洛誥解》：「受民，謂所受於天之民。」

【土苴】〖V.2・P.0986〗② 以之爲土苴，比喻賤視。宋呂大鈞《天下爲一家賦》：「皆土苴其子孫。」王國維《觀堂集林・〈國學叢刊〉序》：「或乃捨我熊掌，食彼馬肝，土苴百王，粃糠三古。」

【地望】〖V.2・P.1030〗② 指地理位置。清魏源《聖武記》卷十二：「聖祖勒銘狼胥之山，其山必距昭莫多不遠，則是以汗山或肯特嶺爲狼居胥山。準其地望，皆與古書相合。」王國維《觀堂集林・漢郡考上》：「東高宛城，以今地望準之，當在樂安、高宛之間。」

【壯美】〖V.2・P.1068〗② 美學名詞。英語_sublime 的舊譯。常與優美相對。凡事物能使人有崇高、嚴肅、雄壯之感者謂「壯美」。王國維《叔本華之美學》：「美之中又有優美與壯美之別。」

【域】〖V.2・P.1113〗⑦ 局限。清王韜《甕牖餘談・煤礦論》：「湖南一省之所產，已可當歐洲列國之所出，其充足饒裕，地球中幾無能與之匹，而奈之何終以自域也。」王國維《人間詞話》卷下：「政治家之眼，域於一人一事，詩人之眼，則通古今而觀之。」

【堂廡】〖V.2・P.1125〗② 比喻作品的意境和規模。明何良俊《四友齋叢說・詞曲》:「至如《王粲登樓》第二折，摹寫羈懷壯志，語多慷慨，而氣亦爽烈。至後《堯民歌・十二月》，託物寓意，尤爲妙絕。是豈作調脂弄粉語者，可得窺其堂廡哉。」王國維《人間詞話》六:「馮正中詞雖不失五代風格，而堂廡特大，開北宋一代風氣。」

【境界】〖V.2・P.1199〗③ 指事物所達到的程度或表現的情況。亦特指詩、文、畫等的意境。《無量壽經》卷上:「比丘白佛，斯義弘深，非我境界。」清魏源《棧道雜詩》之七:「奧險半平淡，文章悟境界。」王國維《人間詞話》一:「詞以境界爲最上，有境界，則自成高格。」

【天公主】〖V.2・P.1408〗原爲古代西北各族對唐公主之稱，後回鶻等族亦以之稱可汗之妻。《新五代史・四夷附錄三》:「其可汗常居樓，妻號天公主。」王國維《于闐公主供養地藏菩薩畫像跋》:「天公主者，本外國稱唐公主之詞。《五代史》謂回鶻可汗之妻號天公主。蓋回鶻盛時，每娶唐公主爲可敦，後雖不娶於唐，猶號其可敦爲天公主。」

【天章】〖V.2・P.1435〗② 指帝王的詩文。南朝陳徐陵《丹陽上庸路碑》:「御紙風飛，天章海溢。」唐岑參《送顏平原》詩:「天章降三光，聖澤該九州。」王國維《羅君楚妻汪孺人墓碣銘》:「聲聞於帝，帝曰汝嘉，天章煥爛，綽楔嵯峨。」

【小男】〖V.2・P.1601〗③ 唐戶籍制稱四歲至十五或十七歲的男子爲小男。王國維《觀堂集林・唐寫本敦煌縣戶籍跋》:「《六典》，凡男女始生爲黃，四歲爲小，十六爲中，二十有一爲丁，六十爲老。《唐志》，天寶三載，更名十八以上爲中……必書此者，以與授田之事相關故也。此下或書寡，或書小男，或書小女、中女，皆放此。」

【和均】〖V.3・P.0268〗同「和韻」。王國維《人間詞話》三七:「東坡《水龍吟》詠楊花，和均而似原唱;章質夫原唱而似和均，才之不可強也如是。」

【命儔嘯侶】〖V.3・P.0286〗呼喚同伴。三國魏曹植《洛神賦》:「眾靈雜沓，命儔嘯侶。」南朝梁元帝《懷舊志序》:「臨水登山，命儔嘯侶。」王國維《彊村校詞圖序》:「春秋佳日，命儔嘯侶，促坐分箋，壹握爲笑。」

【品性】〖V.3・P.0323〗品質性格。《宋書・孝武帝紀》:「庶簡約之風，有孚於品性。」夏曾佑《小說原理》:「人多中材，仰而測之，以度君子，未必即得君子之品性。」王國維《曲錄序》:「追原戲曲之作，實亦古詩之流；所以窮品性之纖微，極遭遇之變化。」

【常羲】〖V.3・P.0745〗常儀。古傳說中的人名。王國維《觀堂集林・殷卜辭中所見先公先王考》:「(帝嚳）妃曰常羲，又《帝王世紀》所云帝嚳次妃諏訾氏女曰常儀，生帝摯者也。曰羲和，曰娥皇，皆常一語之變。」參見「常儀」。

【律】〖V.3・P.0952〗⑦ 約束。《尉繚子・戰威》:「先廉恥而後刑罰，先親愛而後律其身。」宋俞文豹《吹劍四錄》:「蓋人心不同，所見各異，雖聖人不能律天下之人盡棄其學而學焉。」王國維《紅樓夢評論》:「《桃花扇》之解脫，非眞解脫也；滄桑之變，目擊之而身歷之，不能自悟，而悟於張道士之一言……故《桃花扇》之解脫，他律的也；而《紅樓夢》之解脫，自律的也。」

【庸陋】〖V.3P.1247〗平庸淺陋。有時用作謙詞。晉葛洪《抱朴子外篇自序》:「余以庸陋，沉抑婆娑；用不合時，行舛於世。」南朝梁沈約《奏彈王源》:「源雖人品庸陋，冑實參華。」宋王安石《謝知州啓》:「顧庸陋之無堪，辱庇存之尤厚。」王國維《人間詞話刪稿》四六:「竹垞以降之論詞者，大似沈歸愚，其失也，枯槁而庸陋。」

【局中人】〖V.4・P.0016〗局內人。王國維《〈紅樓夢〉評論》:「如謂書中種種境界，種種人物，非局中人不能道，則是《水滸傳》之作者必爲大盜，《三國演義》之作者必爲兵家，此又大不然之說也。」

【季年】〖V.4・P.0210〗② 指第三年。王國維《觀堂集林・唐寫本敦煌縣戶籍跋》:「《唐六典》戶部尙書職，每一歲一造計帳，三年一造戶籍，凡定戶以仲年，造籍以季年。」

【如】〖V.4・P.0269〗⑬ 通「汝」。爾，你。《書・洛誥》:「王如弗敢及天基命定命，予乃胤保，大相東土。」王國維《觀堂集林・洛誥解》:「如，而也；而，汝也。」宋文天祥《感傷》詩:「各任如曹命，那知吾輩心。」

【幻影】〖V.4・P.0429〗虛幻的景象。宋蘇軾《海市》詩:「心知所見皆幻影，敢以耳目煩神功。」明陳汝元《金蓮記・詬奸》:「浮漚幻影，搔首問青天。」王國維《〈紅樓夢〉評論》:「然於解脫之途中，彼之生活之欲，猶時時起而與之相抗，而生種種之幻影。」

【幽宅】〖V.4・P.0433〗墳墓。《儀禮・士喪禮》:「度茲幽宅兆基，無有後艱。」鄭玄注:「今謀此以為幽冥居兆域之始。」宋王禹偁《右衛上將軍贈侍中宋公神道碑》:「宜乎刊勒豐碑，光表幽宅。」王國維《癸丑三月三日京都蘭亭會》詩:「一朝繭紙閟幽宅，人間從此無眞跡。」

【玉振】〖V.4・P.0491〗⑤ 謂著述繼美前賢。《晉書・衛玠傳》:「昔王輔嗣吐金聲於中朝，此子復玉振於江表。微言之緒，絕而復續。」王國維《觀堂集林・〈國學叢刊〉序》:「二劉金聲於隋代，孔賈玉振於唐初。」

【理想】〖V.4・P.0574〗按照作者的理想，通過主觀想像和虛構以反映現實的文學創作流派。它有浪漫主義成分，但不等於浪漫主義。王國維《人間詞話》二:「有造境，有寫境，此『理想』與『寫實』二派之所由分。」梁啓超《小說與群治之關係》:「由前之說，則理想派小說尚焉；由後之說，則寫實派小說尚焉。」

【末泥】〖V.4・P.0697〗古代戲劇角色名。簡稱「末」。宋吳自牧《夢粱錄・妓樂》:「雜劇中末泥為長，每一場四人或五人……末泥色主張，引戲色分付，副淨色發喬，副末色打諢，或添一人，名曰裝孤。」明朱有燉《香囊怨》第一折:「自家姓劉，是這汴梁樂人院裏一個出名的末泥。」參閱王國維《古劇腳色考》。

【柳昏花暝】〖V.4・P.0925〗形容暮色中花柳的朦朧情景。宋史達祖《雙雙燕・詠燕》詞:「紅樓歸晚，看足柳昏花暝。」王國維《人間詞話刪稿》:「然『柳昏花暝』，自是歐秦輩句法，前後有畫工、化工之殊。」

【桃花石】〖V.4・P.0980〗② 公元十三世紀初中亞人對中國人的稱謂。元李志常《長春眞人西遊記》卷上:「土人惟以瓶取水，戴而歸，及見中原汲器，喜曰:『桃花石諸事皆巧。』桃花石謂漢人也。」參閱王國維《長春眞人西遊記校注》、章巽《桃花石和回紇國》。

【桀溺】〖V.4・P.0989〗春秋時隱者。亦泛指隱士。《論語・微子》:「長沮、桀溺耦而耕，孔子過之，使子路問津焉。」宋范仲淹《知府孫學士見示》詩之五:「籬邊醉傲淵明飲，隴上歌隨桀溺耕。」王國維《屈子文學之精神》:「此二派者，其主義常相反對，而不能相調和。觀孔子與接輿、長沮、桀溺、荷篠丈人之關係，可知之矣。」

【格韻】〖V.4・P.0998〗格調氣韻。宋胡仔《苕溪漁隱叢話後集・楚漢魏六朝上》:「《元城先生語錄》曰:『西漢樂章，可齊三代，舊見《漢禮樂志・

房中樂》十七章，觀其格韻高嚴，規模簡古，駸駸乎商周之《頌》。』」王國維《人間詞話》三九：「白石寫景之作……『高樹晚蟬，說西風消息』，雖格韻高絕，然如霧裏看花，終隔一層。」

【校飾】〖V.4・P.1003〗裝飾。《三國志・吳志・諸葛恪傳》：「鉤落者，校飾革帶，世謂之鉤絡帶。」晉法顯《佛國記》：「此本是吾割肉貿鴿處，國人由是得知，於此處起塔，金銀校飾。」王國維《胡服考》：「古大帶、革帶皆無飾，有飾者胡帶也。後世以其飾名之，或謂之校飾革帶。」

【模山範水】〖V.4・P.1208〗用文字或圖畫描繪山水景物。南朝梁劉勰《文心雕龍・物色》：「及長卿之徒，詭勢瑰聲，模山範水，字必魚貫，所謂詩人麗則而約言，辭人麗淫而繁句也。」清馮班《鈍吟雜錄・嚴氏糾繆》：「漢人作賦，頗有模山範水之文。」王國維《屈子文學之精神》：「故純粹之模山範水、留連光景之作，自建安以前、殆未之見。」

【棓槍】〖V.4・P.1121〗天棓星和天槍星的並稱。王國維《和巽齋老人伏日雜詩》之二：「匡衛中宮斥，棓槍複道纏。」

【橘監】〖V.4・P.1321〗即橘官。清王國維《〈齊魯封泥集存〉序》：「余官如司空、祠官、橘監……皆班《表》馬《志》所未載。」參見「橘官」。

【戎】〖V.5・P.0183〗⑤ 寇敵。《易・解》：「負且乘，亦可醜也，自我致戎，又誰咎也。」朱熹本義：「戎，古本作寇。」王國維《觀堂集林・鬼方昆夷玁狁考》：「其字從戈從甲，本爲兵器之總稱，引申之則凡持兵器以侵盜者，亦謂之戎。」

【比例】〖V.5・P.0264〗⑥ 指一種事物受他事物影響，而隨之增減升降的關係。王國維《〈紅樓夢評〉論》：「生活之於苦痛，二者一而非二，而苦痛之度，與主張生活之欲之度爲比例。」

【甌脫】〖V.5・P.0295〗③ 邊地；邊境荒地。宋陸游《送霍監丞出守盱眙》詩：「空聞甌脫嘶胡馬，不見浮屠插霽煙。」清黃遵憲《奉命爲美國三富蘭西士果總領事》詩：「如何甌脫區區地，竟有違言爲小球。」王國維《〈國學叢刊〉序》：「歷代開疆，尚多甌脫。」

【放廢】〖V.5・P.0420〗② 放縱自棄。《明史・文苑傳二・王廷陳》：「屛居二十餘年，嗜酒縱倡樂，益自放廢。」清王晫《今世說・德行》：「（孫宏）抱經綸之宏略，少不見用於時，中歲輒自放廢，與方外緇衲爲侶。」王國維《〈紅樓夢〉評論》：「今使爲寶玉者於黛玉既死之後，或感憤而自殺，或放廢以終其身。」

【散】〖V.5・P.0472〗⑬ 酒尊名。塗漆，無飾，容五升。《周禮・春官・鬯人》:「廟用脩，凡山川四方用蜃，凡祼事用概，凡疈事用散。」鄭玄注:「脩、蜃、概、散，皆漆尊也……概尊以朱帶者，無飾曰散。」《禮記・禮器》:「貴者獻以爵，賤者獻以散。」鄭玄注:「凡觴一升曰爵……五升曰散。」《新唐書・韋縚傳》:「有司所承，一升爵，五升散。」按，王國維認爲散爲「斝」之誤，參閱王國維《觀堂集林・說斝》。

【散爵】〖V.5・P.0485〗容量爲五升的酒尊。《儀禮・大射儀》:「士也有執膳爵者，有執散爵者。」《禮記・祭統》:「尸飲五，君洗玉爵獻卿；尸飲七，以瑤爵獻大夫；尸飲九，以散爵獻士及群有司。」一說爲雜爵。見王國維《觀堂集林・說斝》。

【昱日】〖V.5・P.0682〗明天。亦爲祭祀名。王國維《觀堂集林・釋昱》:「《卜辭》又有祭祀名曰昱日，殆與肜日同爲祭之明日，又祭之稱與？」

【替】〖V.5・P.0754〗⑤ 衰微；衰落。《漢書・敘傳下》:「上替下陵，姦軌不勝，猛政橫作，刑罰用興。」《舊唐書・畢構傳》:「咸亨、垂拱之後，淳風漸替。」清蒲松齡《聊齋誌異・牛成章》:「數年，媪死，家益替。」王國維《人間詞話刪稿》四:「至南宋以後，詞亦爲羔雁之具，而詞亦替矣。」

【景語】〖V.5・P.0773〗謂詩詞中描寫景物的文字。況周頤《蕙風詞話》卷三:「作慢詞起處，必須籠罩全闋。近人輒作景語徐引，乃至意淺筆弱，非法甚矣。」王國維《人間詞話》十:「昔人論詩詞，有景語、情語之別。不知一切景語，皆情語也。」

【曠世】〖V.5・P.0843〗① 謂久歷年代。漢張衡《東京賦》:「蓂莢爲難蒔也，故曠世而不覿。」宋司馬光《上謹習疏》:「治平百年，頑民殄絕，眾心咸安，此乃曠世難成之業。」王國維《文學小言》七:「天才者，或數十年而一出，或數百年而一出……此屈子、淵明、子美、子瞻等所以曠世而不一遇也。」

【水丞】〖V.5・P.0860〗② 漢代郡縣屬官名。王國維《觀堂集林・齊魯封泥集存序》:「郡縣屬官如水丞、平丞。」

【洞然】〖V.5・P.1147〗⑦ 空虛貌。清沈復《浮生六記・閨房記樂》:「余登岸拜奠畢，歸視舟中洞然。」王國維《文學小言》:「自一方面言之，則必吾人之胸中洞然無物，而後其觀物也深，而其體物也切。」

【洞觀】〖V.5・P.1149〗② 透徹地瞭解；深入地觀察。明方孝孺《畸亭記》：「宗哲居於斯亭，笑歌自樂，洞觀千古。」王國維《〈紅樓夢〉評論》第二章：「唯非常之人，由非常之知力，而洞觀宇宙人生之本質，始知生活與痛苦不能相離。」

【浙江】〖V.5・P.1194〗① 水名。即錢塘江。《莊子》作制河，《山海經》、《史記》、《越絕書》、《吳越春秋》作浙江，《漢書・地理志》、《水經》作漸江水。古人所謂浙漸，實指一水。參閱王國維《浙江考》。

【海濤】〖V.5・P.1232〗① 海浪。唐杜牧《長安雜題長句》之二：「雨晴九陌鋪江練，嵐嫩千峰疊海濤。」明王守仁《泛海詩》：「夜靜海濤三萬里，月明飛錫下天風。」王國維《〈紅樓夢〉評論》：「往者作一律曰：『生平頗憶挈盧敖，東過蓬萊浴海濤。』」

【淒婉】〖V.5・P.1358〗悲傷婉轉。宋沈括《夢溪筆談・異事》：「善鼓箏，音調淒婉，聽者忘倦。」《紅樓夢》第五回：「其聲韻淒婉，竟能銷魂醉魄。」王國維《人間詞話》二九：「少游詞境最為淒婉。」

【淵塞】〖V.5・P.1489〗深遠誠實。漢傅毅《舞賦》：「簡惰跳踃，般紛挐兮；淵塞沉蕩，改恒常兮。」晉袁宏《三國名臣序贊》：「公衡仲達，秉心淵塞。媚茲一人，臨難不惑。」《後漢書・章帝紀》：「聰明淵塞，著在圖讖。至德所感，通於神明。」王國維《頤和園》詩：「東朝淵塞曾無匹，西宮才略稱第一。」參見「塞淵」。

【特質】〖V.6・P.0266〗特有的性質。王國維《〈紅樓夢〉評論》：「美術之特質，貴具體而不貴抽象。」胡寄窗《中國經濟思想史》第十二章：「『自利』與『自私』固僅一字之差，而在體現財產權利這一問題上，『私』的意義就更加深刻，更能表現市民社會的特質。」

【投贈】〖V.6・P.0409〗贈送。唐王昌齡《何九於客舍集》詩：「此意投贈君，滄波風裹裹。」宋王安石《答劉季孫》詩：「愧君綠綺虛投贈，更覺貧家報乏金。」明李東陽《次傅太史》詩：「猶有送行詩卷在，一時投贈許誰先？」王國維《人間詞話》：「人能於詩詞中不為美刺投贈之篇……則於此道已過半矣。」

【摘遍】〖V.6・P.0842〗謂截取大曲中大遍的解數所製的曲。如《泛清波摘遍》。宋沈括《夢溪筆談・樂律一》：「所謂大遍者……凡數十解，每解有數疊者，裁截用之，則謂之摘遍。」王國維《宋元戲曲考・宋之樂曲》：「大曲遍數，往往至於數十，唯宋人多裁截用之。即其所用者，亦以聲與樂爲主，而不以詞爲主，故多用聲無詞者。」

【擊床】〖V.6・P.0901〗擊殺於床上。《楚辭・天問》：「有扈牧豎，云何而逢？擊床先出，其命何從？」朱熹集注：「啓攻有扈之時，親於其床上擊而殺之，其命何所從出乎？」王國維《海上送日本內藤博士》詩：「服牛千載德施普，擊床何怒逢牧豎。」

【氈墨】〖V.6・P.1019〗氈與墨。模拓碑或古器物上字與圖形的用具。亦用以借指拓本。王國維《〈說文〉所謂古文說》：「以前古器無氈墨傳佈，許君未能足徵。」

【有狄】〖V.6・P.1149〗即有易。有，詞頭。《楚辭・天問》：「昏微遵跡，有狄不寧。」王國維《王恒》：「有狄，亦即有易也。古『狄』、『易』二字同音，故互相通假。」參見「有易」。

【胡服騎射】〖V.6・P.1211〗戰國時，趙武靈王採用西方和北方民族的服飾，教人民學習騎射，史稱「胡服騎射」。其制：上褶下袴，有貂蟬爲飾的冠，金鉤爲飾的具帶，足穿靴，便於騎射。此服通行後，其冠服帶履之制，歷代有變革。《史記・趙世家》：「（趙武靈王謂肥義曰：）今吾將胡服騎射以教百姓，而世必議寡人，奈何？」參閱王國維《胡服考》。

【胄監】〖V.6・P.1233〗即國子監。亦指國子監的生員。明沈德符《野獲編・科場二・北場口語之多》：「然向來被議者，主試皆南人，舉子皆胄監，豈畿輔子衿，皆曾史耶？」王國維《殘宋本〈三國志〉跋》：「其板在南宋時當已入胄監，自是而入元西湖書院，而入明南雍。」

【脫口而出】〖V.6・P.1295〗不加思索，隨口說出。清袁枚《隨園詩話補遺》卷十：「詩往往有畸士賤工，脫口而出者。」王國維《人間詞話》五六：「其辭脫口而出，無矯揉妝束之態。」

【歇拍】〖V.6・P.1459〗① 唐宋大麯曲調名。宋王灼《碧雞漫志》卷三：「凡大麯，有散序、靸、排遍、攧、正攧、入破、虛催、實催、袞遍、歇拍、殺袞，始成一曲，此謂大遍。」參閱王國維《唐宋大麯考》。

【歍】〖V.6・P.1468〗嘔吐所及。語出《山海經・大荒北經》：「其所歍所尼，即爲源澤。」王國維《冬夜讀〈山海經〉感賦》詩：「蟊草則死蟊木枯，歍尼萬里成澤湖。」

【歐秦】〖V.6・P.1472〗宋詞人歐陽修和秦觀的並稱。王國維《人間詞話》三三：「美成詞深遠之致不及歐秦。」

【殺】〖V.6・P.1487〗④ 指流放。《孟子・萬章上》：「（舜）殺三苗於三危。」王國維《高宗肜日說》：「古訓殺爲放，非必誅死之謂。」

【文繡】〖V.6・P.1546〗③ 辭藻華麗。王國維《文學小言》：「故文繡的文學之不足爲眞文學也，與餔餟的文學同。」

【旁蒐遠紹】〖V.6・P.1597〗廣泛搜集，遠承古人。唐韓愈《進學解》：「尋墜緒之茫茫，獨旁搜而遠紹。」清魏源《書古微》序：「墜緒茫茫，旁搜遠紹，其得於經者凡四大端。」亦作「旁蒐遠紹」。王國維《〈玉谿生年譜〉序》：「君獨旁蒐遠紹，博採唐人文集、說部及金石文字，以正劉宋二書之失。」

【火丞】〖V.7・P.0006〗漢代太樂令的屬官。王國維《觀堂集林・〈齊魯封泥集存〉序》：「若夫扶風列表，司馬續志，成書較後，頗有闕遺。此篇所錄則漢朝官如雒陽宮丞……餘如挏馬五丞中之有農丞，樂府之有鍾官，鍾官之有火丞。」

【無升】〖V.7・P.0101〗古代刁斗的別名。一說爲「鐎斗」之訛。《方言》第十三：「無升謂之刁斗。」郭璞注：「謂小鈴也。」王國維《書〈郭注方言〉後》三：「漢尉斗之狀與刁斗同。今傳世漢器，其銘皆作鐎斗。無升、䥫升、鐎斗，字形皆相近，當云鐎斗謂之刁斗。」

【無始】〖V.7・P.0122〗② 指太古。唐陳子昂《感遇》詩之七：「茫茫吾何思？林臥觀無始。」元李好古《張生煮海》第一折：「貧道乃東華上仙是也。自從無始以來一心好道，修煉三田。」王國維《〈紅樓夢〉評論》第四章：「今設有人焉，自無始以來，無生死，無苦樂，無人世之罣礙，而唯有永遠之知識，則吾人所寶爲無上之美術，自彼視之，不過蛩鳴蟬噪而已。」

【無獨有偶】〖V.7・P.0155〗① 某種少見的情況，偏有類似的出現，配成一對兒。多用於貶義。清黃鈞宰《金壺浪墨・諂媚》：「吠犬侍郎，可與洗馬御史爲對，此等諂媚之法，乃無獨有偶如此。」王國維《紅樓夢評論》第五章：「至謂《紅樓夢》一書，爲作者自道其生平者……信此說，則唐旦之《天國戲劇》，可謂無獨有偶者矣。」

【扃途】〖V.7・P.0363〗猶門徑。王國維《觀堂集林・〈國學叢刊〉序》：「至於歐趙之集金石，《宣和》之圖彝器，南仲釋吉金之文，鄱陽錄漢碑之字，旨趣既博，扃途大開。」

【情語】〖V.7・P.0585〗② 指描寫感情的語言。王國維《人間詞話刪稿》十：「昔人論詩詞，有景語、情語之別。不知一切景語皆情語也。」

【憂勞】〖V.7・P.0689〗憂患勞苦；憂慮勞苦。《管子・牧民》：「民惡憂勞，我佚樂之。」晉葛洪《抱朴子・詰鮑》：「王者憂勞於上，臺鼎顰顣於下，臨深履薄，懼禍之及。」唐白居易《與僧智如夜話》詩：「憂勞緣智巧，自喜百無能。」王國維《紅樓夢評論》第二章：「且人生苟爲數十年之生活計，則其維持此生活亦易易耳。曷爲其憂勞之度，倍蓰而未有已？」

【母】〖V.7・P.0816〗⑤ 對婦女的敬稱、美稱。《史記・廉頗藺相如列傳》：「及括將行，其母上書言於王曰：『括不可使將……』王曰：『母置之，吾已決矣。』」王國維《觀堂集林・女字說》：「男子曰某父，女子曰某母，蓋男子之美稱莫過於父，女子之美稱莫過於母。」

【神悟】〖V.7・P.0874〗猶穎悟。謂理解力高超出奇。神，喻機靈穎異，不尋常。南朝宋劉義慶《世說新語・言語》：「謝仁祖年八歲，謝豫章將送客，爾時語已神悟，自參上流。」南朝梁何遜《七召・治化》：「一聞皇王之盛，則豁然神悟而理攄。」王國維《人間詞話》四七：「詞人想像，直悟月輪繞地之理，與科學家密合，可謂神悟。」

【相邦】〖V.7・P.1139〗相國。王國維《觀堂集林・匈奴相邦印跋》：「考六國執政者，均稱相邦。秦有相邦呂不韋，魏有相邦建信侯，今觀此印，知匈奴亦然矣。史家作相國者，蓋避漢高帝諱改。」

【矍相圃】〖V.7・P.1268〗借指學宮。王國維《海上送日本內籐博士》詩：「豆籩鍾磬瑟琴鼓，何所當年矍相圃。」參見「矍相」、「矍圃」。

【甲頭】〖V.7・P.1289〗③ 同榜及第者之第一名。王國維《唐寫本敦煌縣戶籍跋》：「言甲頭某某者，猶唐以來言某某下及第、某某榜下進士矣。」

【畛】〖V.7・P.1323〗⑥ 致告。《禮記・曲禮下》：「臨諸侯，畛於鬼神。」鄭玄注：「畛，致也。祝告致於鬼神辭也。」王國維《〈殷墟書契考釋〉序》：「下至牢鬯之數，軍旅風雨之占，莫不畛於鬼神，比其書命。」

【生魄】〖V.7・P.1512〗① 指月未盛明時所發的光。唐李商隱《碧城》詩之三：「七夕來時先有期，洞房簾箔至今垂。玉輪顧兔初生魄，鐵網珊瑚未有枝。」宋蘇軾《夜泛西湖五絕》之一：「新月生魄跡未安，才破五六漸盤桓。」參閱王國維《生霸死霸考》。

【知力】〖V.7・P.1526〗才智慧力。《墨子・尙同下》:「天子以其知力，爲未足獨治天下，是以選擇其次，立爲三公。」《莊子・則陽》:「民知力竭，則以僞繼之。」宋王安石《四皓》詩：「秦驅九州逃，知力起經綸。」王國維《論教育之宗旨》:「而精神之中，又分爲三部：知力，感情及意志是也。」

【私鈚頭】〖V.8・P.0022〗胡服之帶鉤。王國維《觀堂集林・胡服考》:「《楚辭・大招》作『鮮卑』，王逸注：『鮮卑，緄帶頭也。』史記・匈奴傳》作『胥紕』，《漢書》作『犀毗』，高誘《淮南》注作『私鈚頭』，皆『鮮卑』一語之轉，延篤所謂胡革帶鉤是也。」

【科斗文字】〖V.8P.0049〗② 魏晉以後亦以稱篆文或異於通行隸書的其他古文字。參閱王國維《觀堂集林・科斗文字說》。

【痛貶】〖V.8・P.0326〗極力貶低。王國維《人間詞話刪稿》三四：「自竹垞（朱彝尊）痛貶《草堂詩餘》，而推《絕妙好詞》，後人群附和之。」

【疏遠】〖V.8・P.0505〗④ 謂文字簡短而意境超遠。王國維《人間詞話刪稿》三三：「余謂北宋詞亦不妨疏遠。若梅溪以降，正所謂切近的當、氣格凡下者也。」

【考證】〖V.8・P.0639〗② 根據資料來考核、證實和說明文獻或歷史等問題。清姚鼐《〈述庵文鈔〉序》:「余嘗論學問之事有三端：曰義理也，考證也，文章也。」王國維《〈紅樓夢〉評論》:「自我朝考證之學盛行，而讀小說者亦以考證之眼讀之。」

【虎頭牌】〖V.8・P.0808〗① 猶虎符。刻有虎頭形的牌子。王國維《元銅虎符跋》:「元之虎符俗云虎頭牌。汪元量《水雲集・湖州歌》云：『文武官僚多二品，還鄉盡帶虎頭牌。』關漢卿《閨怨佳人拜月亭》雜劇云：『虎頭兒金牌腰內懸。』則當時本謂之牌，不謂之符。雅言謂之虎符，名雖古，制則非矣。」

【罟罟】〖V.8・P.1020〗古代蒙古和元朝婦女所戴的一種高冠。《元史・郭寶玉傳》:「歲庚午，童謠曰：『搖搖罟罟至，河南拜閼氏。』」明沈德符《顧曲雜言》:「元人呼命婦所戴笄曰罟罟，蓋其土語也。」參閱王國維《蒙韃備錄箋證》。

【置閏】〖V.8・P.1026〗設置閏月。係調整曆法紀年與地球公轉一周的時間差數的方法。王國維《觀堂集林・生霸死霸考》:「商時置閏皆在歲末，故殷墟卜辭屢云十三月。」參見「閏年」、「閏月」。

【褻諢】〖V.9‧P.0127〗輕慢戲謔。王國維《人間詞話刪稿》三四：「《草堂》雖有褻諢之作，然佳詞恒得十之六七。」馮煦《宋六十一家詞選‧例言》：「柳詞明媚，黃詞疏宕，而褻諢之作，所失亦均。」

【粵嶠】〖V.9‧P.0212〗指五嶺以南地區。《明史‧項忠朱英等傳贊》：「朱英廉威名粵嶠，秦紘經略著西陲，文武兼資，偉哉一代之能臣矣。」王國維《觀堂集林‧彊邨校詞圖序》：「先生以文學官侍郎，光緒之季，奉使粵嶠。」

【精切】〖V.9‧P.0216〗精當貼切。南朝梁鍾嶸《詩品》卷中：「文典以怨，頗爲精切，得諷諭之致。」《新唐書‧白居易傳》：「居易於文章精切，然最工詩。」《元史‧黃溍傳》：「文辭布置謹嚴，援據精切。」王國維《〈紅樓夢〉評論》：「夫歐洲近世之文學中，所以推格代之《法斯德》爲第一者，以其描寫博士法斯德之苦痛，及其解脫之途徑，最爲精切故也。」

【苻婁】〖V.9‧P.0349〗無枝而有瘤的病木。《爾雅‧釋木》：「瘣木，苻婁。」郭璞注：「謂木病，尪傴癭腫，無枝條。」郝懿行義疏：「苻婁者，疊韻字，猶僂僂也。」王國維《爾雅草木蟲魚鳥獸名釋例下》：「瘣木之名苻婁，以其無枝而擁腫也。」

【落】〖V.9‧P.0480〗㉚ 引申爲落成。王國維《觀堂集林‧傳書堂記》：「烏程蔣孟蘋學部落其藏書之室，顏之曰傳書堂。」參見「落成」。

【習套】〖V.9‧P.0647〗猶舊套，老套。清梁紹壬《兩般秋雨盦隨筆‧小照》：「小照之例，景則春花秋月，事則彈琴詠詩，千潭一印，已成習套。」王國維《人間詞話》五四：「蓋文體通行既久，染指遂多，自成習套。」

【弦外之響】〖V.9‧P.0796〗喻言外之意。王國維《人間詞話》四二：「古今詞人格調之高無如白石，惜不於意境上用力，故覺無言外之味，弦外之響。」參見「弦外之意」。

【絕筆】〖V.9‧P.0840〗② 死前最後所寫的文字、作品等。唐白居易《令狐相公與夢得交情素深眷予分亦不淺一聞薨逝相顧泫然》詩：「最感一行絕筆字，尚言千萬樂天君。」清顧炎武《與潘次耕書》：「《日知錄》再待十年，如不及年，則以臨終絕筆爲定，彼時自有受之者，而非可預期也。」王國維《屈子文學之精神》：「《九章》中之《懷沙》，乃其絕筆。」

【纏達】〖V.9‧P.1052〗宋代民間說唱藝術的一種曲調。一說是一種歌舞相兼的藝術形式。王國維《宋元戲曲考‧宋之樂曲》：「其歌舞相兼者則謂之傳踏，亦謂之轉踏，亦謂之纏達。」參見「纏令」。

【纏陷】〖V.9・P.1052〗纏擾陷溺。《紅樓夢》第二一回：「彼釵、玉、花、麝者，皆張其羅而邃其穴，所以迷惑纏陷天下者也。」王國維《〈紅樓夢〉評論》第二章：「彼於纏陷最深之中，而已伏解脫之種子。」

【赭袍】〖V.9・P.1183〗即赭黃袍。唐李濬《松窗雜錄》：「中宗嘗召宰相蘇瓌、李喬子進見。二丞相子皆童年，上近撫於赭袍前，賜與甚厚。」《資治通鑒・後唐明宗天成三年》：「昭義節度使毛璋所爲驕僭，時服赭袍。」王國維《讀史二絕句》之二：「只怪常山趙延壽，赭袍龍鳳向中原。」參見「赭黃袍」。

【貞】〖V.10・P.0047〗㉑ 擔當，承受。《書・洛誥》：「公既定宅，伻來，來視予卜，休，恒吉。我二人共貞。」孫星衍注引馬融曰：「貞，當也。」王國維《觀堂集林・洛誥解》：「貞，當爲鼎，當也，謂卜之休吉，王與周公共當之也。」

【貴私】〖V.10・P.0151〗以私人佔有爲第一要義。王國維《〈紅樓夢〉評論》第一章：「著物非有形，心無所住，則雖殉財之夫，貴私之子，寧有對曹霸、韓幹之馬，而計馳騁之樂，見畢宏、韋偃之松，而思棟樑之用，求好逑於雅典之偶，思稅駕於金字之塔者哉。」

【郘】〖V.10・P.0611〗姓。王國維《郘鍾跋》：「(銘曰)『余畢公之孫，郘伯之子。』……余謂『郘』即《春秋左氏傳》『晉呂甥』之『呂』也。」

【郭洛帶】〖V.10・P.0648〗古代革帶名。《漢書・匈奴傳上》「黃金犀比帶」顏師古注引三國魏張晏曰：「鮮卑郭洛帶，瑞獸名也，東胡好服之。」參閱王國維《胡服考》、Otto Maenchen Helfen，Are Chinesehsi-p』I and kuo-lo IE Loan Words？（Language20，1944）

【進而】〖V.10・P.0981〗繼續往前；在已有的基礎上進一步。王國維《紅樓夢評論》第一章：「於是於數十百年之生活外，更進而圖永遠之生活：時則有牝牡之欲，家室之累；進而育子女矣，則有保抱扶持飲食教誨之責，婚嫁之務。」

【道賺】〖V.10・P.1086〗猶唱賺。古時的一種說唱藝術。王國維《宋元戲曲考・宋之樂曲》引宋陳元靚《事林廣記・遏雲要訣》：「夫唱賺一家，古謂之道賺。」

【運掉自如】〖V.10・P.1096〗謂運用和迴旋都非常熟練自然。王國維《人間詞話》五三：「《提要》駁之，謂猶能舉七十斤者，舉百斤則蹶，舉五十斤則運掉自如，其言甚辨。」

【豁人耳目】〖V.10・P.1322〗開擴眼界，使耳目清新。王國維《人間詞話》五六：「大家之作，其言情也必沁人心脾，其寫景也必豁人耳目。」

【言外之味】〖V.11P.0003〗語言中含而不露的深長意味。王國維《人間詞話》二二：「古今詞人格調之高無如白石。惜不於意境上用力，故覺無言外之味，弦外之響，終落第二手。」

【言情】〖V.11・P.0008〗③ 抒情。清惲敬《與趙石農書》：「近有言漢人文如經注者，止經師自序之文，其他奏疏、上書、記事、言情之文具在，皆與唐宋之文出入者也。」王國維《人間詞話》三三：「唯言情體物，窮極工巧，故不失爲第一流之作者。」朱光潛《談文學・情與辭》：「文字有言情、說理、敘事、狀物四大功用。」

【詠物】〖V.11・P.0117〗以詩歌描寫事物。《國語・楚語上》：「若是而不從，動而不悛，則文詠物以行之，求賢良以翼之。」韋昭注：「文，文辭也。詠，風也。謂以文辭風託事物以動行也。」宋范仲淹《賦林衡鑒序》：「指其物而詠者，謂之詠物。」王國維《人間詞話》三八：「詠物之詞，自以東坡《水龍吟》爲最工，邦卿《雙雙燕》次之。」

【詞品】〖V.11・P.0122〗詞的品格。清李漁《閒情偶寄・詞曲下・音律》：「作者處此，但能布置得宜，安頓極妥，便是千幸萬幸之事，尚能計其詞品之低昂，文情之工拙乎？」王國維《人間詞話》十二：「『畫屏金鷓鴣』，飛卿語也，其詞品似之。『弦上黃鶯語』，端己語也，其詞品亦似之。」

【詞境】〖V.11・P.0125〗詞的意境。清王鵬運《〈彊邨詞〉序》：「自辛丑夏與公別後，詞境日趨於渾，氣息亦益靜。」況周頤《蕙風詞話》卷一：「無詞境，即無詞心。矯揉而彊爲之，非合作也。」王國維《人間詞話》二九：「少游詞境最爲淒婉。至『可堪孤館閉春寒，杜鵑聲裏斜陽暮』，則變而淒厲矣。」

【詔家】〖V.11・P.0131〗古代少數民族首領的稱號。王國維《羅布淖爾北所出〈前涼西域長史李柏書稿〉跋》：「第二稿云：『詔家見遣使來慰勞諸國。』……詔家亦晉時呼天子語。」

【詹】〖V.11・P.0187〗古卜筮者之名。《楚辭・卜居》：「心煩慮亂，不知所從。往見太卜鄭詹尹。」王逸注：「鄭詹尹，工姓名也。」王國維《屈子文學之精神》：「而知屈子者，唯詹尹一人。」唐陸龜蒙《病中秋懷寄襲美》詩：「更有是非齊未得，更憑詹尹拂龜占。」

【誌】〖V.11・P.0215〗⑥ 稱期刊雜誌。王國維《致羅振玉書》:「此誌現第一期粗排畢，不知初十可告成，想出版當在二十左右。」

【語語】〖V.11・P.0225〗③ 句句。元辛文房《唐才子傳・杜甫》:「觀李杜二公，崎嶇板蕩之際，語語王霸，褒貶得失。」明陸時雍《詩鏡總論》:「何遜詩，語語實際，了無滯色。」王國維《人間詞話》四十:「語語都在目前，便是不隔。」

【請正】〖V.11・P.0259〗請求指正。多用爲敬辭。明王守仁《傳習錄》卷三:「是夕，侍坐天泉橋，各舉請正。」明李贄《答鄧石陽書》:「昨者覆書『眞空』十六字，已說得無滲漏矣，今復爲注解以請正何如？」王國維《致羅振玉書》:「《周書顧命禮徵》已印成樣本，請正。末頗有發明，請審正。」

【諦】〖V.11・P.0353〗③ 確鑿；確實。漢袁康《越絕書・外傳枕中》:「范子曰:『夫八穀之賤也，如宿穀之登，其明也諦。』」宋黃庭堅《下水船》詞:「丹禁風微，咫尺諦聞天語。」王國維《宋三司布帛尺摹本跋》:「惟謂省尺與浙尺同，則未諦也。」

【霧裏看花】〖V.11・P.0727〗語本唐杜甫《小寒食舟中作》詩:「春水船如天上坐，老年花似霧中看。」本形容老眼昏花。後比喻對事物看不眞切。宋趙蕃《早到超果寺》詩:「霧裏看花喜未昏，竹園啼鳥愛頻言。」王國維《人間詞話》三九:「白石寫景之作……雖格韻高絕，然如霧裏看花，終隔一層。」

【靈保】〖V.11・P.0758〗神巫。《後漢書・馬融傳》:「導鬼區，徑神場，詔靈保，召方相，驅厲疫，走蜮祥。」王國維《宋元戲曲考》一:「蓋群巫之中，必有象神之衣服形貌動作者，而視爲神之所憑依，故謂之曰靈，或謂之靈保。」

【離世絕俗】〖PV.11・.0884〗猶言離世異俗。宋羅大經《鶴林玉露》卷九:「伯夷不立於惡人之朝，不與惡人言，可謂離世絕俗矣。」明劉基《送別燈和尚還鄉序》:「夫浮屠以離世絕俗爲教，父母兄弟且不得爲其親也。」王國維《屈子文學之精神》:「且北方之人，不爲離世絕俗之舉，而日周旋於君臣父子夫婦之間。」

【阻卜】〖V.11・P.0943〗遼金對韃靼的稱呼。《遼史・太祖紀下》:「是日，大舉征吐渾、党項、阻卜等部。」參閱王國維《觀堂集林・韃靼考》。

【陽聲】〖V.11・P.1074〗③ 音韻學術語。也稱附聲韻。同「陰聲」相對。凡韻母以鼻音 m、n、ng 爲韻尾的，音韻學上稱爲陽聲。如堅、光等。王國維《觀堂集林・五聲說》:「而此一切陽聲之收聲，其性質常悠揚不盡。」

【隱秀】〖V.11・P.1121〗① 幽雅秀麗。南朝宋顏延之《顏府君家傳銘》：「青州隱秀，爰始奠居。」王國維《人間詞話刪稿》二二：「近人詞如《復堂詞》之深婉，《彊村詞》之隱秀，皆在半塘老人上。」

【金檢】〖V.11・P.1187〗① 金色封緘。王國維《遊仙》詩之二：「金檢赤文供劾召，雲窗霧閣榜清虛。」

【金聲】〖V.11・P.1187〗⑦ 指聲譽傳播。王國維《觀堂集林・〈國學叢刊〉序》：「二劉金聲於隋代，孔賈玉振於唐初。」

【鉩】〖V.11・P.1234〗王國維《觀堂集林・匈奴相邦印跋》：「匈奴相邦玉印，藏皖中黃氏，其形制文字均類先秦古鉩。」

【鍾官】〖V.11・P.1395〗漢代樂府中掌鑄鎛鍾的官。王國維《觀堂集林・齊魯封泥集存序》：「余如挏馬五丞中之有農丞、樂府之有鍾官。」自注：「此樂府鑄鍾鎛之官，非水衡掌鑄錢之鍾官也。」

【間田】〖V.12・P.0076〗亦作「間田」。亦作「閒田」。① 古代指未被封賜的土地。《禮記・王制》：「名山大澤不以封，其余以爲附庸間田。」孔穎達疏：「若封人附於大國，謂之附庸，若未封人，謂之間田。」王國維《觀堂集林・敦煌漢簡跋九》：「間田者，《莽傳》云『諸侯國間田爲黜陟增減』，乃用《王制》語。凡郡縣未封之地，皆間田也。」

【預想】〖V.12・P.0277〗② 指事前的推想。王國維《〈紅樓夢〉評論》：「然彼苟無美之預想存於經驗之前，則安從取自然中完全之物而模仿之，又以之與不完全者相區別哉？」魯迅《野草・死後》：「誰知道我的預想竟的中了，我自己就在證實這預想。」

【頡利發】〖V.12・P.0289〗唐代突厥族官名。《舊唐書・突厥傳上》：「其大官屈律啜，次阿波，次頡利發，次吐屯，次俟斤，並代居其官而無員數，父兄死則子弟承襲。」王國維《高昌寧朔將軍曲斌造寺碑跋》：「訶黎伐，亦俟利發或頡利發之音變也。」

【類帖】〖V.12・P.0354〗即法帖。名家書法的拓本或印本。王國維《校松江本〈急就篇〉》：「明正統初，吉水楊政得葉石林所摹皇象章草本，刊石於松江。又以宋仲溫所摹者補其闕字。明季類帖亦翻刊之。」

【鬼方】〖V.12・P.0445〗① 上古種族名。爲殷周西北境強敵。《易・既濟》：「高宗伐鬼方，三年克之。」《詩・大雅・蕩》：「內奰于中國，覃及鬼方。」毛傳：「鬼方，遠方也。」朱熹集傳：「鬼方，遠夷之國也。」參閱宋王應麟《困學紀聞・易》、王國維《觀堂集林・鬼方昆夷玁狁考》。

【魁】〖V.12・P.0466〗樹木根節盤結。《爾雅・釋木》:「枹，遒木，魁瘣。」邢昺疏:「謂根節盤結處也。」王國維《觀堂集林・〈爾雅・草木蟲魚鳥獸名釋例下〉》:「案荷離、荷婁、蒲盧、蚹蠃皆有魁瘣擁腫之意。」

【魏石經】〖V.12P.0471〗三國魏齊王正始年間石刻的儒家經典。字爲古文、篆、隸三體，又稱「三體石經」。參閱宋王應麟《困學紀聞・經說》、清顧炎武《石經考》、王國維《觀堂集林・魏石經考》。

【飛牡】〖V.12・P.0693〗《漢書・五行志中之上》:「成帝元延元年正月，長安章城門門牡自亡，函谷關次門牡亦自亡。京房《易傳》曰:『饑而不損茲謂泰，厥災水，厥咎牡亡。』《妖辭》曰:『關動牡飛，辟爲亡道臣爲非，厥咎辭臣謀篡。』」後以「飛牡」爲發生變異的徵兆、跡象。王國維《頤和園詞》詩:「南國潢池正弄兵，北沽門戶仍飛牡。」

【高格】〖V.12・P.0943〗② 高超的格調。宋周密《齊東野語・紹興御府書畫式》:「應搜訪到法書，多係青闌道，絹襯背。唐名士多於闌道前後題跋。令莊宗古裁去上下闌道，揀高格者，隨法書進呈，取旨揀用。依紹興格式裝褫。」王國維《人間詞話》一:「詞以境界爲最上，有境界則自成高格，自有名句。」

【黃神】〖V.12・P.0986〗② 印名。古登山者所佩，以避虎狼。晉葛洪《抱朴子・登涉》:「古之人入山者，皆佩黃神越章之印，其廣四寸，其字一百二十，以封泥著所住之四方各百步，則虎狼不敢近其內也。」王國維《遊仙》詩:「臨軒自佩黃神印，受籙教披素女書。」

【鹹淡】〖V.12・P.1029〗② 戲劇中的旦角名。唐段安節《樂府雜錄・俳優》:「武宗朝有曹叔度、劉泉水鹹淡最妙。咸通以來，即有范傳康、上官唐卿、呂敬遷三人弄假婦人。」王國維《古劇腳色考》:「鹹淡爲假婦人之始。『旦』之音，當由『鹹淡』之『淡』出，若作二事解，則鹹淡亦一種腳色。」

【封泥】〖V.2・P.1254〗① 謂用泥封緘文書。古代文書囊笥外加繩捆紮，在繩結處以膠泥加封，上蓋鈐印，以防洩密、失竊。也有將簡牘盛於囊內，在囊外繫繩封泥者。盛行於秦漢。《後漢書・百官志三》:「守宮令一人，六百石。本注曰：主御紙筆墨，及尚書財用諸物及封泥。」唐李林甫《嵩陽觀聖德感應頌》:「目對封泥，手連印署。」王國維《〈齊魯封泥集存序〉》:「竊謂封泥之物，與古璽相表裏，而官印之種類，較古璽印爲尤夥，其足以考正古代官制地理者，爲用至大。」清末以來，此項遺物發現甚多。參閱清吳式芬陳介祺《封泥考略》，清劉鶚《鐵雲藏封泥》，周明泰《續封泥考略》、《再續封泥考略》，王國維《齊魯封泥集存》，馬衡《封泥存眞》。

【黼冔】〖V.12·P.1312〗② 戴著殷冠。清魏源《默觚下·治篇九》:「然後量能而授之職，授之田宅，又率以祀文王，黼冔祼將，駿奔走於廟。」王國維《海上送日本內藤博士》詩:「眼見殷民常黼冔，歸去便將闕史補。」

【龍矩】〖V.12·P.1472〗龍形的碑座。北魏酈道元《水經注·穀水》:「徑望先寺，中有碑，碑側法子丹碑，作龍矩勢。」王國維校:「龍矩，疑當作龍距，猶龜趺也。」

*　　　*　　　*

王國維不僅善自出題，也善於下結論，語多警策，片言居要，因此成了舉世公認的史學開山，他的論著也成爲《漢語大詞典》引用頻次最高的。他的詞匯有較重的出土氣息，與他的研究領域密切相關。他的語言不隔，不溫不火，從容不迫，《觀堂集林》成爲標準的論學語體。《人間詞話》《紅樓夢評論》《宋元戲劇考》等書也成爲經典，不少眞知卓見與金玉良言也被《漢語大詞典》作爲例句加以採納。

《漢語大詞典》引用梁啓超資料輯錄——「知識生成史」筆記之五

【一支半節】〖V.1・P.0010〗謂一小部分。梁啓超《新民說》第八節：「人民之望仁政以得一支半節之權利者，實含有亡國民之根性，明也。」

【中帶】〖V.1・P.0605〗② 指溫帶。梁啓超《地理與文明之關係》：「動植物往往自南北極而進於中帶。自中帶而進於熱帶。」

【主義】〖V.1・P.0704〗③ 猶主旨，主體。梁啓超《與林迪臣太守書》：「啓超謂今日之學校，當以政學爲主義，以藝學爲附庸。」

【原料】〖V.1・P.0932〗③ 比喻能產生新事物的條件。梁啓超《國民十大元氣論》：「故獨立性者，孕育世界之原料也。」

【厲鷙】〖V.1・P.0940〗勇猛。梁啓超《戊戌六君子傳・康廣仁傳》：「南海先生同母弟也。精悍厲鷙，明照銳斷。」

【依藉】〖V.1・P.1354〗依據憑藉。梁啓超《湖南時務學堂學約》：「若從而撥棄之，則所以求先聖之道，觀後王之跡者，皆將無所依藉。」

【保皇】〖V.1・P.1391〗謂力圖維護封建君主政體，反對資產階級革命。如清末戊戌政變後，康有爲、梁啓超等人倡設保皇會，宣傳君主立憲，反對革命。梁啓超《上粵督李傅相書》：「其保皇之心，即從其保家屬之心而發生，非有二物也。」

【俱瞻】〖V.1・P.1497〗爲眾人所瞻仰。梁啓超《論政府阻撓國會之非》：「退則懍俱瞻之嚴，自能敬慎以毋肆。」

【偷墮】〖V.1・P.1554〗亦作「偷惰」。苟且怠惰。《大戴禮記・盛德》：「無度量，則小者偷墮，大者侈靡，而不知足。」唐韓愈《答劉秀才論史官書》：「愚以為凡褒貶大法，《春秋》已備之矣，後之作者，在據事蹟實錄，則善惡自見，然此尚非淺陋偷惰者所能就，況褒貶邪？」宋王安石《祭范潁州文》：「官更於朝，士變於鄉，百治具修，偷墮勉強。」明劉基《諭甌括父老文》：「官缺其人，偷惰潛生。」梁啓超《記自強軍》：「是以梁啓超記之曰：今日之疲耎散漫偷惰畏葸騷擾者，莫中國之兵若矣！」

【僻論】〖V.1・P.1709〗不正確的言論。梁啓超《論中國學術思想變遷之大勢》第三章：「惟有陰陽五行之僻論，跋扈於學界。」

【公群】〖V.2・P.0075〗集體。梁啓超《新民論》八：「權利思想者，非徒我對於我應盡之義務而已，實亦一私人對於一公群應盡之義務也。」

【前魚】〖V.2・P.0131〗② 比喻陳舊的事物。梁啓超《生計學學說沿革小史》第九章：「斯密氏之學說，披靡西土者已百餘年，今且為前魚矣。」

【兼葭秋水】〖V.2・P.0157〗比喻思慕的人。兼，同「蒹」。梁啓超《新中國未來記》第四回：「兼葭秋水，相失交臂，我勞如何？」

【克周】〖V.2・P.0262〗周全，完備。梁啓超《立憲政體與政治道德》：「夫必事事毛舉而監督之，亦何術可以克周者？」

【凌踏】〖V.2・P.0419〗侵害摧殘。梁啓超《開明專制論》：「若與共事，萬一彼破我約法以凌踏吾民，奈何？」

【印布】〖V.2・P.0514〗印行。梁啓超《大同譯書局敘例》：「舊譯之書，或有成而未刻，刻而已佚者，隨時搜取印布。」

【荊卿】〖V.2・P.0685〗② 指行險之人。梁啓超《上粵督李傅相書》：「公試一自思，即盡其全力為若曹作荊卿，於公何利焉？」

【勢力圈】〖V.2・P.0814〗勢力範圍。梁啓超《過渡時代論》：「其現在之勢力圈，矢貫七箚，氣呑萬牛，誰能禦之？」梁啓超《中國史敘論》第一節：「然所謂政治史，又實為紀一姓之勢力圈，不足以為政治之眞像。」

【土族】〖V.2・P.0992〗② 世代定居本土的民族。梁啓超《中國史敘論・人種》：「其一苗種，是中國之土族也。」

【城下之辱】〖V.2・P.1094〗謂兵臨城下屈膝求和的恥辱。梁啓超《知恥學會敘》：「越惟無恥，故安於城下之辱。」參見「城下之盟」。

【堂奝】〖V.2・P.1125〗形容宏大。猶堂皇。梁啓超《愛國歌》：「君不見英日區區三島尚崛起，況乃堂奝我中華。」

【墦肉】〖V.2・P.1221〗墓前祭肉。梁啓超《中國改革財政私案》第十：「而國家乃如無告之窮民，不得不乞彼等墦肉之餘以延殘喘。」

【大醇】〖V.2・P.1390〗② 謂大體完美。梁啓超《新英國巨人克林威爾傳・敘論》：「若者爲大醇，若者爲大疵，章章明甚也。」

【天樂】〖V.2・P.1447〗② 指自然界和諧的音響，天籟。梁啓超《澳亞歸舟雜興》詩：「蕩胸海風和露吸，洗心天樂帶濤聽。」

【弋竊】〖V.2・P.1582〗用不正當的手段佔據。梁啓超《新民說・論進步》：「學堂之教員，大率皆八股名家，弋竊甲第、武斷鄉曲之鉅紳也。」

【和文】〖V.3・P.0265〗指日文。梁啓超《論學日本文之益》：「若未通漢文而學和文，其勢必至顛倒、錯雜、瞀亂，而兩無所成。」

【和語】〖V.3・P.0275〗日本語。梁啓超《論學日本文之益》：「支那之志士，亦當以學和文、和語爲第一義。」

【周原】〖V.3・P.0301〗② 泛指中國的土地。梁啓超《中國積弱溯源論》：「膴膴周原，茫茫禹壤，其竟如斯而長已矣耶？」

【啓召】〖V.3・P.0395〗招致。梁啓超《小說與群治之關係》：「淪陷京國，啓召外戎。」

【單語】〖V.3・P.0424〗① 隻語，一句話。梁啓超《中國積弱溯源論》：「先聖昔賢之單語片言，固非頑鈍無恥者所可藉以藏身也。」

【嚴鞫】〖V.3・P.0552〗嚴厲審問。梁啓超《意大利建國三傑傳》第五節：「復爲階下囚於嘉爾伽長官之前，嚴鞫拷掠，背縛兩手。」

【囂噪】〖V.3・P.0562〗喧鬧。梁啓超《俄羅斯革命之影響》二：「乃不忍於民間少數之囂噪，襲前代之覆轍，欲以威力撲滅之。」

【困蹙】〖V.3・P.0623〗② 指費用短缺。梁啓超《論加稅》：「償款議定，國用困蹙。」

【國憲】〖V.3・P.0646〗② 即憲法。梁啓超《中國專制政治進化論》第三章：「各國國憲之變動，往往因此『埃士梯德』（Estates）之關係而起。」

【岳岳犖犖】〖V.3・P.0808〗亦作「嶽嶽犖犖」。卓絕貌。梁啓超《論自由》：「吾常見有少年岳岳犖犖之士，志願才氣，皆可以開拓千古，推倒一時。」

【峻削】〖V.3・P.0825〗② 指藥性猛烈。梁啓超《中國積弱溯源論》：「謂其滯食也，而投峻削之劑以攻之。」

【役】〖V.3・P.0925〗⑤ 借指大規模的政治運動。梁啓超《新民說》九：「日本維新之役，其倡之成之者，非有得於王學，即有得於禪宗。」梁啓超《新民說》九：「曾不審夫泰西之所謂自由者，在前此之諸大問題，無一役非爲團體公益計。」

【很鷙】〖V.3・P.0956〗兇狠陰險。梁啓超《亡羊錄》：「而使西伯利亞鐵路由聖彼得堡一氣呵成，而達中國之中心，此俄人很鷙之手段也。」

【鬱蒼】〖V.3・P.1145〗② 形容氣之旺盛。梁啓超《過渡時代論》：「生氣鬱蒼，雄心矞皇。」

【廣義】〖V.3・P.1268〗② 範圍較寬的定義。相對「狹義」而言。梁啓超《敬告當道者》：「以廣義言之，則諸君亦國民之一分子也。」

【宏深】〖V.3・P.1343〗② 指宏大深沉。梁啓超《歐洲地理大勢論》：「其（斯拉夫民族）文學黯黯然，而有宏深肅括氣象。」

【定例】〖V.3・P.1363〗③ 定律。梁啓超《格致學學說小史》第三節：「奈端因吉布列之三定例，闡明吸力公理，而利用之。」

【客邦】〖V.3・P.1442〗指外國。梁啓超《〈適可齋記言記行〉序》：「通商，萬國之所同也。客邦之利五，而主國之利十，未或以爲害也。」

【學僮】〖V.4・P.0249〗① 漢許愼《〈說文解字〉敘》：「《尉律》：『學僮十七已上始試，諷籀書九千字，乃得爲吏。』」清龔自珍《擬上今方言表》：「夫乃外史達之，太史登之，學僮諷之，皆後興者也。」梁啓超《湖南時務學堂藝批》：「他日學僮成立，皆持梁啓超之說以教人，豈非誤盡天下蒼生也。」

【孽苗】〖V.4・P.0253〗亦作「孼苗」。惡劣的根苗。梁啓超《論中國學術思想變遷之大勢》第三章第四節：「未識後之君子，能剗此孼苗否也。」

【嫉俗】〖V.4・P.0396〗憎恨不良的社會習俗。梁啓超《中國積弱溯源論》第二節：「非敢以玩世嫉俗之言，罵盡天下也。」

【嫚辱】〖V.4・P.0404〗輕慢侮辱。梁啓超《論報館有益於國事》：「則閱者知國體不立，受人嫚辱；律法不講，爲人愚弄。」

【嬗易】〖V.4・P.0416〗更換。梁啓超《滅國新法論》：「自七十九年至八十二年，四載之間，全國官吏，次第嬗易。」

【枉口】〖V.4・P.0793〗謂屈服改口。梁啓超《新中國未來記》第三回：「自己信得過的宗旨，便是雷霆霹靂向他頭上盤旋，也不肯枉口說個不字兒。」

【杪黍】〖V.4・P.0815〗形容極其細微。梁啓超《論宗教家與哲學家之長短得失》:「至誠與發狂二者之界線，相去一杪黍耳。」

【極弊】〖V.4・P.1142〗② 嚴重的弊病。梁啓超《中國專制政治進化史論》第三章:「蓋孔子深見夫當時貴族政治之極弊，故救時之策，以此爲第一義。」

【榮澤】〖V.4・P.1232〗① 光輝的遺澤。梁啓超《歐洲地理大勢論》:「拉丁者，羅馬之別名也。此等國民，沐古羅馬之榮澤，以進於文明之域。」

【獮艾】〖V.5・P.0128〗猶消滅。梁啓超《新民說・論尚武》:「漢景之獮艾遊俠，漢高、明太之葅醢功臣，殆皆用鋤之一術矣。」

【戢伏】〖V.5・P.0231〗② 收斂。梁啓超《袁崇煥傳》:「自承宗崇煥之戮力，而敵軍戢伏，不敢犯明邊者四年。」

【放資】〖V.5・P.0418〗投資。梁啓超《二十世紀巨靈——托辣斯・托辣斯發生之原因》:「勞力者以自由而勤動，資本家以自由而放資。」

【敵氛】〖V.5・P.0512〗敵人的氣焰。梁啓超《記自強軍》:「東事起，天子以南皮張尚書督兩江，佩南洋大臣印綬，時敵氛張甚。」

【明夷】〖V.5・P.0599〗② 指遭受艱難的賢人志士。梁啓超《新中國未來記》第三回:「我自傷心人不見，訪明夷，別有英雄淚。」

【暢旺】〖V.5・P.0817〗① 繁榮。梁啓超《〈史記・貨殖列傳〉今義》:「昔有不宜穀之數國……常患缺食，而餘物貿易亦不暢旺。」

【暴暵】〖V.5・P.0829〗烈日。梁啓超《新民說》第二節:「（人）若血氣強盛、膚革充盈者，冒風雪，犯暴暵，衝瘴癘，凌波濤，何有焉？」

【沓來麕至】〖V.5・P.0941〗同「沓來踵至」。梁啓超《匈加利愛國者噶蘇士傳・匈國之內亂及其原因》:「至難至險之現象，沓來麕至。」

【汽機】〖V.5・P.0972〗① 蒸汽機的簡稱。梁啓超《變法通議・論不變法之害》:「汽機之製，起於乾隆三十四年。」

【沃衍】〖V.5・P.0973〗③ 豐盛。梁啓超《論中國人種之將來》:「四曰民人眾多，物產沃衍。」

【沈汩】〖V.5・P.0997〗② 沉淪。梁啓超《新民說・論私德二》:「若根性薄弱者，幾何不隨流而沈汩也。」

【浮積】〖V.5・P.1251〗猶聚積。梁啓超《滅國新法論》:「夫中國之財富，浮積於地面、闐塞於地中者，天下莫及焉。」

【渙落】〖V.5・P.1254〗渙散敗落。梁啓超《中國積弱溯源論》第二節：「人人知有身而不知有群，則其群忽渙落摧壞，而終被滅於他群。」

【深賾】〖V.5・P.1434〗深奧精微。梁啓超《中國學術思想變遷之大勢》第一章：「夫我界既如此其博大而深賾也。他界復如此其燦爛而蓬勃也。」

【淩侮】〖V.5・P.1342〗欺負；侮弄。梁啓超《商會議》：「然以愛力不堅，國力不及，往往受他人淩侮。」

【溢湧】〖V.5・P.1494〗② 指氣勢翻騰洶湧。梁啓超《中國學術思想變遷之大勢・總論》：「吾不自知吾氣焰之何以溢湧，吾手足之何以舞蹈也。」

【渾圓球】〖V.5・P.1524〗指地球。梁啓超《亞洲地理大勢論》：「實則渾圓球上，除歐種以外，所餘獨立國者，爲此五者而已。」

【潮】〖V.6・P.0124〗⑦ 猶流派。梁啓超《中國學術思想變遷之大勢》第三章第二節：「欲知先秦學派之眞相，則南北兩分潮，最當注意者也。」

【潰癰】〖V.6・P.0140〗② 決破膿瘡。梁啓超《讀十月初三日上諭感言》：「以之與無主義、無統一之官僚內閣相遇，其猶以千鈞之砮潰癰也。」

【牼翟】〖V.6・P.0268〗戰國時宋牼和墨翟的並稱。梁啓超《復友人論保教書》：「孔子聚徒，至以三千。牼翟言學，強聒不捨。」

【抑微】〖V.6・P.0394〗微小。梁啓超《論立法權》第二節：「漢制有議郎，有博士，專司討議。但其秩抑末，其權抑微矣。」

【拓殖】〖V.6・P.0440〗猶開發。梁啓超《論中國之將強》：「若澳洲，若南洋諸島，近數十年，銳意拓殖，猶未得其半。」

【抵掎】〖V.6・P.0477〗② 抵制。梁啓超《瓜分危言》第四章：「俄人既扼滿洲之衝，舉大河之北爲囊中物，則列國不能不起而抵掎之。」

【指代】〖V.6・P.0575〗謂用抽象概念代替具體事物。梁啓超《論紀年》：「凡天地間事物之名號，其根源莫不出於指代，而紀年亦其一端也。」

【掩襲】〖V.6・P.0650〗③ 猶風靡。梁啓超《中國學術思想變遷之大勢》第六章第二節：「當時道家言極盛，全國爲所掩襲，莫能奪之。」

【推繹】〖V.6・P.0683〗推求尋繹。梁啓超《敬告我同業諸君》：「比近事，察現象，而思所以推繹之，發明之，以利國民。」

【卷騰】〖V.6・P.0712〗翻騰。梁啓超《國家思想變遷異同論》：「其風潮直馳卷騰，溢於歐洲以外之天地。」

【摩激】〖V.6・P.0826〗② 猶激發。梁啓超《論湖南應辦之事》:「乃從而摩激其熱力，鼓厲其忠憤，使以保國、保種、保教爲己任。」

【擎舉】〖V.6・P.0849〗猶掌握。梁啓超《亞洲地理大勢論》:「歐洲之結構也，規模淺小，尋常人類，易擎舉而易指揮之。」

【擾紊】〖V.6・P.0955〗擾亂。梁啓超《政聞社宣言書》:「其對於皇室，絕無干犯尊嚴之心；其對於國家，絕無擾紊治安之舉。」

【攙襲】〖V.6・P.0966〗侵襲。梁啓超《噶蘇士傳》第八節：「某敢斷言曰：雖悉地獄恒河沙數之魔鬼來相攙襲，彼無如匈牙利何也。」

【毳服】〖V.6・P.1013〗① 毛皮製的衣服。梁啓超《中國地理大勢論》:「故京師之俗雜五方，而爲首惡之區。其民則土坑毳服，如氈鄉焉。」

【片鱗隻甲】〖V.6・P.1041〗猶片鱗半爪。梁啓超《飲冰室詩話》:「昔惟聞海上諸君子，傳誦其詩，有『入市無屠狗，驕人讓沐猴』之句，深以片鱗隻甲爲憾。」亦作「片鱗殘甲」。梁啓超《新史學・中國之舊史學》:「時或藉外國人之著述，窺其片鱗殘甲。」

【腹謗】〖V.6・P.1352〗猶腹誹。梁啓超《論正統》:「而有腹謗者，則曰大不敬；有指斥者，則曰逆不道也。」

【氓智】〖V.6・P.1432〗人民的聰明才智。梁啓超《新民說》:「而世運日進，氓智日闢，彼林林總總者，終不能自爲芻狗以受踐棄。」

【殽然】〖V.6・P.1494〗紛雜貌。梁啓超《俄羅斯革命之影響》:「夫是以萬弩併發，百川齊決，殽然莫之能禦也。」

【殽異】〖V.6・P.1494〗錯雜差異。梁啓超《中國學術思想變遷之大勢》第三章第五節:「茲三土者，地理之相去如此其遼遠，人種之差別如此其殽異。」

【文聖】〖V.6・P.1537〗文章聖手。梁啓超《小說與群治之關係》:「文家能得其一，則爲文豪，能兼其四，則爲文聖。」

【火腿】〖V.7・P.0017〗② 譏刺語。猶言狗腿。梁啓超《新羅馬》第三齣：「你更使慣著那兩條火腿，少不免賊多從賊，兵多從兵。」

【炭】〖V.7・P.0050〗⑤ 化學名詞。指二氧化碳。梁啓超《變法通議》:「呼炭吸養，刻刻相續。」

【燁爍】〖V.7・P.0214〗光輝閃爍。梁啓超《生計學學說沿革小史》:「磅礴燁爍，如日中天。」

【薰浸】〖V.7・P.0224〗薰陶浸染。梁啓超《小說與群治之關係》:「薰浸之力，在使感受者不覺。」

【熱烘烘】〖V.7・P.0237〗④ 形容權勢顯赫。梁啓超《新羅馬》第三齣：「你目下自然是熱烘烘尊榮安富，你將來總有日黑魆魆的罪惡貫盈。」

【燎眉】〖V.7・P.0255〗猶言火燒眉毛。比喻情況急迫。梁啓超《上陳寶箴書論湖南應辦之事》:「大局之患，已如燎眉。」

【怯恇】〖V.7・P.0470〗膽小怕事。梁啓超《袁崇煥傳》第四節：「其黨日排承宗，遂至不安其位，以高第代。第，怯恇柔媚之小人也。」

【恥疚】〖V.7・P.0492〗羞恥內疚。梁啓超《論湖南應辦之事》:「以大局之糜爛，爲一身之恥疚。」

【憑記】〖V.7・P.0724〗文憑，證書。梁啓超《論湖南應辦之事》:「擇其學成者，授以憑記，可以爲各州縣小學堂教習。」

【懲責】〖V.7・P.0770〗② 責罰。梁啓超《亡羊錄》:「蓋天津至鎮江、上海至南京各鐵路，則以懲責食言爲名。」

【毒劑】〖V.7・P.0827〗① 有毒的藥劑。梁啓超《醫學善會敘》:「咸以尋常微細，無足重輕之病，受庸醫進毒劑，數日之間，痛楚以死。」

【禍迫眉睫】〖V.7・P.0935〗猶言禍在旦夕。梁啓超《羅蘭夫人傳》:「至是內外之形勢益急，禍迫眉睫。」

【硬貨】〖V.7・P.1049〗① 金屬鑄造的錢幣。梁啓超《生計學學說沿革小史》第六章:「重商主義之謬誤……（三）由不知易中之物，不必專在硬貨。」

【磊落颯爽】〖V.7・P.1089〗形容人豪邁開朗。梁啓超《袁崇煥傳》第七節：「不然，以磊落颯爽之袁督師，而何以自危至是。」

【相伯仲】〖V.7・P.1143〗不相上下。梁啓超《新史學》五：「吾見夫今日學國之官吏士民，其見識與彼一二人者，相伯仲也。」

【相敵】〖V.7・P.1161〗② 互相敵對。梁啓超《新民說》十三：「苟其內相敵焉，則其群未有不爲外敵所摧陷而夷滅者也。」

【督治】〖V.7・P.1227〗督率治理。梁啓超《中國積弱溯源論》:「然國家之大，非一家子弟數人，可以督治而鈐轄之也。」

【瞀見】〖V.7・P.1240〗愚昧錯亂的見解。梁啓超《政治學大家伯倫知理之學說》:「伯氏以爲學者往往以國民與民族混爲一談，是瞀見也。」

【科課】〖V.8・P.0056〗徵發財物人力。梁啓超《商會議》:「鄉中應辦之事需財力者，則集鄉人而共科課之。」

【積恥】〖V.8・P.0136〗爲時已久的恥辱。梁啓超《張博望班定遠合傳》第二節:「孝武不忍華冑之凌夷，與祖宗之積恥，毅然欲一舉而雪之。」

【穢質】〖V.8・P.0155〗② 污染物質。梁啓超《小說與群治之關係》:「於此其空氣而苟含有穢質也，其菽粟而苟含有毒性也。」

【穢溷】〖V.8・P.0155〗② 污濁；肮髒。梁啓超《致伍秩庸星使書》:「以故華工麕集之處，街道湫溢，房屋穢溷。」

【疾風暴雨】〖V.8・P.0301〗③ 形容（戰鬥）非常激烈。梁啓超《意大利建國三傑傳・結論》:「千八百七十年，普法戰起，疾風暴雨，不旋踵而局遂定。」

【瘠貧】〖V.8・P.0351〗貧困。梁啓超《雅典小志》第四節:「居於山谷者，其地產少，其牧場乏，故其民瘠貧，稱爲山谷黨。」

【空衍】〖V.8・P.0416〗空洞浮泛。梁啓超《〈新民議〉敘論》:「使國民知受病所在，以自警厲自策進，實理論之理論中最粗淺最空衍者也。」梁啓超《近世第一大哲學家康德之學說・論道學爲哲學之本》:「及康德出，乃以爲此空衍之法，不足以建立眞學術。」

【穹古】〖V.8・P.0426〗上古；遠古。梁啓超《中國專制政治進化史論》第二章:「穹古以前，不可徵矣。」

【窒抑】〖V.8・P.0443〗阻遏；抑制。梁啓超《中國學術思想變遷之大勢》第四章:「有所獎勵於此，則所窒抑於彼。」

【窶民】〖V.8・P.0480〗貧民。梁啓超《新民說》八:「帝王之瓊樓玉宇，窶民之蓽門圭竇，可以同成一燼。」

【發達】〖V.8・P.0562〗⑥ 發表，表達。梁啓超《論書法》:「生於言論不自由時代，政見不可以直接發達，故爲之符號標識焉以代之。」

【蟬聯往復】〖V.8・P.0969〗不斷重演。梁啓超《新民說》十一:「故擾亂之種子不除，則蟬聯往復之破壞，終不可得免。」

【蠶子】〖V.8・P.1004〗③ 泛指蠶。梁啓超《蠶務條陳敘》:「四爲光緒十五年，帶往法國養蠶公院所養各種蠶子收成數目及蠶病情形。」

【蠶術】〖V.8・P.1007〗養蠶繅絲的技術。梁啓超《蠶務條陳敘》:「（英康發達）又派學生，學蠶術於法。」

【羅雀】〖V.8・P.1050〗② 喻用盡辦法搜刮財物。梁啓超《歲暮感懷》詩：「近聞誅斂空羅雀，倘肯哀鳴念澤鴻。」參見「羅雀掘鼠」。

【簡調】〖V.8・P.1257〗簡選調用。梁啓超《變法通議・論不變法之害》：「乾隆中屢次西征，猶復簡調前往，朝馳羽檄，夕報捷書。」

【籠制】〖V.8・P.1279〗籠絡控制。梁啓超《中國積弱溯源論》：「本朝雍正間，有上諭禁滿人學八股，而曰，此等學問，不過籠制漢人。」

【群】〖V.9・P.0184〗⑦ 社會。梁啓超《新史學》：「人類進化云者，一群之進也，非一人之進也。」參見「群學」。

【群治】〖V.9・P.0186〗對各種社會問題的治理和處置。梁啓超《禁早婚議》：「言群者必託始於家族，言家族者必託始於婚姻，婚姻實群治之第一位也。」梁啓超《論小說與群治之關係》：「知此義，則吾中國群治腐敗之總根源可以識矣！」

【群俗】〖V.9・P.0187〗② 社會風尚。梁啓超《論尚武》：「群俗者，冶鑄國民之爐火，安見頹廢腐敗之群俗而能鑄成雄鷙沉毅之國民也。」

【群國】〖V.9・P.0187〗② 猶舉國。梁啓超《論尚武》：「二千年之腐氣敗習深入於國民之腦，遂使群國之人奄奄如病夫，冉冉如弱女。」

【群萃】〖V.9・P.0187〗② 泛指眾相集聚。梁啓超《論湖南應辦之事》：「到省以後，首次謀一大廈，使群萃而講習。」

【群學】〖V.9・P.0189〗③ 各級各類學校。梁啓超《變法通議・論師範》：「故師範學校立而群學之基悉定。」

【芳跡】〖V.9・P.0314〗指前賢的行跡。梁啓超《愛國歌》之四：「君不見博望、定遠芳跡已千古，時哉後起吾英雄。」

【莽莽】〖V.9・P.0412〗⑤ 指時間的長遠無際；悠久。梁啓超《中國積弱溯源論》：「莽莽千載，念來日之大難。」

【著眼點】〖V.9・P.0432〗著重考慮和注意的方面。梁啓超《暴動與外國干涉》：「吾所謂暴動可以招干涉者，其著眼點全在此。」

【薾靡】〖V.9・P.0590〗猶委靡。梁啓超《變法通議・論不變法之害》：「越南、緬甸、高麗，服屬中土，漸染習氣，因仍弊政，薾靡不變，漢官威儀，今無存矣。」梁啓超《變法通議・論科學》：「閱數百載，歷元涉明，薾靡疲敝，迄於今世。」

【翹異】〖V.9・P.0682〗特異。梁啓超《爲國會期限問題敬告國人》:「而政黨每主張一政策，政府必立即竊取而實行之，以奪其翹異之標幟。」

【緊切】〖V.9・P.0879〗③ 緊要密切。梁啓超《中國史敘論》第四節：「地理與歷史，最有緊切之關係，是讀史者所最當留意也。」

【縣】〖V.9・P.0963〗④ 引申爲侵佔別國土地。梁啓超《論民族競爭之大勢》:「故其（美國）縣古巴，攫菲島，實皆此主義之精神一以貫之者也。」

【繁迫】〖V.9・P.0984〗繁多而緊迫。梁啓超《湖南時務學堂學約》:「程子以半日靜坐，半日讀書，今功課繁迫，未能如此。」

【豫卜】〖V.10・P.0038〗② 猶預料。梁啓超《說國風上》:「故常於事前豫卜事後之成績，常以先見防弊於未然。」

【貨客】〖V.10・P.0098〗客商。梁啓超《商會議》:「我海外數百萬人，人人皆股東，人人皆貨客。」

【貸貣】〖V.10・P.0170〗借貸。梁啓超《生計學學說沿革小史》:「資本非能人人具足也，於是乎有貸貣。」

【賤工】〖V.10・P.0246〗② 低賤的工作。梁啓超《生計學學說沿革小史》第二章:「古代各國，皆行奴隸制度，生產之業，視爲賤工故。」

【蹉敗】〖V.10・P.0523〗失敗。梁啓超《論支那獨立之實力與日本東方政策》:「去年始一著手，未得行其志，遽遭幽閉，新政蹉敗。」

【蹉躓】〖V.10・P.0524〗挫折；困頓。梁啓超《歷史上中國民族之觀察》:「其存者宛轉竄於穹北苦瘠之地，蹉躓頻續，則同胞急難之情生。」

【蹙促】〖V.10・P.0540〗③ 猶萎縮。梁啓超《雜答某報》五：「生產方面，雖日蹙促，而分配方面，則甚均匀。」

【蹴蹈】〖V.10・P.0554〗② 指壓倒。梁啓超《論民族競爭之大勢》:「（斯拉夫）隱然有蹴蹈拉丁、凌駕條頓之勢。」

【鄉權】〖V.10・P.0672〗指地方權力。梁啓超《論湖南應辦之事》:「欲通上下之情，則必當復古意，採西法，重鄉權矣。」

【迷見】〖V.10・P.0816〗② 指糊塗的見解。梁啓超《論希臘古代學術》第二章:「雖然，其揭櫫理性，而以六根六塵所接構者爲迷見，一也。」

【退校】〖V.10・P.0841〗猶退學。梁啓超《飲冰室詩話》:「（邱宗華）去年遊學日本，入成城學校習陸軍，以病退校，歸養滬上。」

【進】〖V.10・P.0991〗奮力前進貌。梁啓超《中國專制政治進化史論・緒論》:「日邁月征，進進不已，必達於其極點。」

【道里】〖V.10・P.1070〗② 普通長度。梁啓超《〈變法通議〉自序》:「其於古人之意，相去豈可以道里計哉？」

【觚稜】〖V.10・P.1357〗③ 借指故國。梁啓超《遊箱根浴溫泉作》詩：「忽起觚稜思，鄉心到玉關。」

【訌爭】〖V.11・P.0028〗紛爭。梁啓超《滅國新法論》:「於政治上，於宗教上，訌爭不息。」梁啓超《暴動與外國干涉》:「而以未慣法治之國民當之，則訌爭之結果，必訴於武力以求解決。」

【詗】〖V.11・P.0103〗③ 求。明湯顯祖有《牡丹亭・詗藥》。梁啓超《中國前途之希望與國民責任》:「詗諸史乘，歷歷可稽。」

【詠歎】〖V.11・P.0118〗② 讚歎歌頌。唐柳宗元《送幸南容歸使聯句詩序》:「冬十有二月，朝右禮備，復於轅門，我同升之友，是用榮其趣舍，惜其離曠，卜茲良辰，詠歎其美。」梁啓超《〈日本國志〉後序》:「中國人寡知日本者也。黃子公度撰《日本國志》，梁啓超讀之，欣懌詠歎黃子。」

【試舉】〖V.11・P.0141〗② 試著舉例。梁啓超《南海康先生傳》:「故其一切條理，皆在於社會改良，今試舉其特色者，略條論之。」

【試翼】〖V.11・P.0141〗猶試飛。梁啓超《少年中國說》:「鷹隼試翼，風塵吸張。」

【詩界】〖V.11・P.0146〗寫作詩歌的人的總體。梁啓超《讀〈陸放翁集〉》詩：「詩界千年靡靡風，兵魂銷盡國魂空。」

【詩靈】〖V.11・P.0156〗猶詩魂。傑出的詩人。梁啓超《二十世紀太平洋歌》:「詩靈罷歌鬼罷哭，問天不語徒蒼蒼！」

【詭惡】〖V.11・P.0191〗詭怪惡劣。梁啓超《東魏高翻碑跋》:「書勢方板無生氣，但尚凝重不詭惡耳。」

【誦佩】〖V.11・P.0256〗稱頌佩服。梁啓超《盧梭學案》:「今先揭其主義之最簡明而爲人人所誦佩者如下。」

【諸務】〖V.11・P.0271〗② 各種事務。梁啓超《變法通議》:「然立學諸務，責在有司。」

【諸種】〖V.11・P.0272〗③ 各種，各樣。梁啓超《盧梭學案》:「蓋人在邦國相待而爲用，又有諸種之職各分任之。」

【論事文】〖V.11・P.0290〗議論文。梁啓超《爲什麼要注重敘事文字》:「學校專教做論事文，全是中了八股策論的餘毒。」

【論根】〖V.11・P.0291〗議論的根據。梁啓超《論中國學術思想變遷之大勢》第三章第二節:「雖其以陰陽爲論根，未免失據。」

【論理學】〖V.11・P.0292〗邏輯學的舊稱。梁啓超《論中國學術思想變遷之大勢》第三章第四節:「至亞里士多德，而論理學蔚爲一科矣。」

【論學】〖V.11・P.0295〗② 指學術見解。梁啓超《戴東原哲學》三:「望溪和恕谷論學不合。」

【諦】〖V.11・P.0353〗⑥ 泛指道理。梁啓超《論小說與群治之關係》:「此二者實文章之眞諦，筆舌之能事。」

【譾識】〖V.11・P.0462〗識見淺陋。梁啓超《憲法之三大精神》:「啓超末學譾識，何足以語於是。」

【讋服】〖V.11・P.0464〗② 謂使之畏懼服從。梁啓超《中國專制政治進化史論》第二章:「黃帝以巍巍威德，讋服宇內，爲諸酋長之長。」

【震轢】〖V.11・P.0696〗震動壓倒。梁啓超《湖南時務學堂學約》:「西人一切格致製造之學，衣被五洲，震轢萬國。」

【霽朗】〖V.11・P.0746〗晴朗，明朗。梁啓超《記東俠》:「時會望夜，大月霽朗。」

【靡屆】〖V.11・P.0789〗② 謂不能到達。梁啓超《過渡時代論》三:「所導之路若差，或迷途而靡屆。」

【金馬玉堂】〖V.11・P.1158〗② 指進朝廷做官。梁啓超《中國專制政治進化論》第三章:「今歲蓽門一酸儒，來歲可以金馬玉堂矣。」

【針射】〖V.11・P.1199〗一致，符合。梁啓超《新民說・論自尊》:「各人之意見，既與主帥相針射，號令一下，與人人如其心中所欲發。」

【鉅子】〖V.11・P.1213〗① 先秦墨家稱墨學之大師。梁啓超《中國學術思想變遷之大勢》第三章第二節:「墨子之鉅子遍於宋、鄭、齊之間。」

【鉶】〖V.11・P.1249〗③ 用同「硎」。磨刀石。梁啓超《〈魏元景造像殘石〉跋》:「此拓鋒穎若新出於鉶。」

【銷匿】〖V.11・P.1295〗銷聲匿跡。梁啓超《論中國學術思想變遷之大勢・近世之學術》:「晚明流風餘韻，銷匿不敢復出現。」

【銳入】〖V.11・P.1306〗尖銳深刻。梁啓超《南海康先生傳》第六章：「先生目光之炯遠，思想之銳入……爲我中國國教放一大光明。」梁啓超《論宗教家與哲學家之長短得失》：「故其舉動之奇警也，猛烈也，堅忍也，銳入也，常有爲他人之所不能喻者。」

【銳達】〖V.11・P.1307〗敏銳而通達。梁啓超《〈沈氏音書〉序》：「至其言論，多有透闢銳達，爲前人所未言者。」

【閼制】〖V.12・P.0128〗遏制。梁啓超《變法通議・議不變法之害》：「大地既通，萬國蒸蒸，日趨於上，大勢相迫，非可閼制。」

【闐繁】〖V.12・P.0145〗人口眾多，物產豐饒。梁啓超《論中國之將強》：「西方諸國，靡不眀眀畏之，而況于闐繁樸愨之中國乎！」

【鞹】〖V.12・P.0212〗② 比喻事物殘存部分。梁啓超《新民說》十三：「雖稍腐敗，稍渙散，而猶足無存其鞹，以迄今日。」

【頑橫】〖V.12・P.0257〗頑劣蠻橫。梁啓超《戊戌六君子傳・康廣仁》：「手創學規，嚴整有度，雖極頑橫之童子，戢戢奉法惟謹。」

【養】〖V.12・P.0520〗㉖ 即氧。化學元素之一。梁啓超《〈變法通議〉自序》：「紫血紅血，流注體內，呼炭吸養，刻刻相續。」

【風潮】〖V.12・P.0628〗④ 潮流。指變動或發展的趨勢。梁啓超《近世文明初祖二大家之學說》：「古學復興，新教確立之後，學界風潮漸變。」

【風靡一世】〖V.12・P.0633〗同「風行一世」。梁啓超《生計學學說沿革小史》第八章：「個人主義，漸得勢力，所謂民約說、人權論等，漸風靡一世。」梁啓超《近世第一大哲康德之學・學界上康德之位置》：「十八世紀之末葉，所謂僞維新思想者，風靡一世。」

【駔商】〖V.12・P.0813〗奸商。梁啓超《新民說》九：「駔商逋債而不償，受欺騙者莫能責也。」

【驕睨】〖V.12P.0904〗傲慢地斜視，輕視。梁啓超《排外平議》：「甚乃挾其餘焰，驕睨儕輩，鋤虐同種以爲快。」

【驛卒】〖V.12・P.0908〗② 指郵差。梁啓超《論民族競爭之大勢》：「充某製造廠之工匠，某洋行之雇挑，某鐵路公司之驛卒。」

【驟革】〖V.12・P.0914〗迅速革除。梁啓超《中國專制政治進化史論》第二章：「積數千年之舊習，其勢固非可以驟革。」

【凫浴】〖V.12・P.1041〗② 浮游。梁啓超《呵旁觀者文》：「如立於此船，觀彼船之沉溺，而睹其凫浴以爲歡。」

【鴻作】〖V.12・P.1094〗② 巨著。梁啓超《東籍月旦》第一編第一章：「書皆鴻作，而解釋者亦著名之人。」

【黨魁】〖V.12・P.1369〗② 政黨的首領。梁啓超《蒞民主黨歡迎會演說辭》：「黨員之與職員，職員之與黨魁，猶若兵士之於將校。」

*　　　　　　*　　　　　　*

鄭振鐸《梁任公先生傳》云：「他究竟是中國『新思想界之陳涉』，雖未必有精湛不磨的成功，然他的篳路藍褸，以開荒莿的功績，則已不小了。」梁啓超政治上是保皇派，文學上卻是革命派。黃侃批評他「利口覆邦」，而郭沫若批評他改樑換柱，如在《文藝論集・讀梁任公〈墨子新社會之組織法〉》：「便是胡適和梁任公也都很知道他這種宗教的循環論證不足以滿足我們近代人的要求，所以極力在用改樑換柱的方法，要把他的根本觀念改移到另一個較爲好看一點的節目上去。」無論如何，在近代轉型期，梁啓超是產生了巨大影響的一代巨擘。他的詞匯有兩大特點，一是東洋味，二是新聞味，這是別人無法取代的。